中华复兴之光
博大精深汉语

U0575926

蒙学流传版本

鹿军士 主编

汕头大学出版社

图书在版编目（CIP）数据

蒙学流传版本 / 鹿军士主编. -- 汕头 : 汕头大学
出版社，2016.1（2019.9重印）
　（博大精深汉语）
　ISBN 978-7-5658-2359-6

　Ⅰ. ①蒙… Ⅱ. ①鹿… Ⅲ. ①古汉语－启蒙读物－介
绍 Ⅳ. ①H194.1

中国版本图书馆CIP数据核字(2016)第015334号

蒙学流传版本　　MENGXUE LIUCHUAN BANBEN

主　　编：鹿军士
责任编辑：邹　峰
责任技编：黄东生
封面设计：大华文苑
出版发行：汕头大学出版社
　　　　　广东省汕头市大学路243号汕头大学校园内　邮政编码：515063
电　　话：0754-82904613
印　　刷：北京中振源印务有限公司
开　　本：690mm×960mm 1/16
印　　张：8
字　　数：98千字
版　　次：2016年1月第1版
印　　次：2019年9月第3次印刷
定　　价：32.00元
ISBN 978-7-5658-2359-6

前　言

党的十八大报告指出："把生态文明建设放在突出地位，融入经济建设、政治建设、文化建设、社会建设各方面和全过程，努力建设美丽中国，实现中华民族永续发展。"

可见，美丽中国，是环境之美、时代之美、生活之美、社会之美、百姓之美的总和。生态文明与美丽中国紧密相连，建设美丽中国，其核心就是要按照生态文明要求，通过生态、经济、政治、文化以及社会建设，实现生态良好、经济繁荣、政治和谐以及人民幸福。

悠久的中华文明历史，从来就蕴含着深刻的发展智慧，其中一个重要特征就是强调人与自然的和谐统一，就是把我们人类看作自然世界的和谐组成部分。在新的时期，我们提出尊重自然、顺应自然、保护自然，这是对中华文明的大力弘扬，我们要用勤劳智慧的双手建设美丽中国，实现我们民族永续发展的中国梦想。

因此，美丽中国不仅表现在江山如此多娇方面，更表现在丰富的大美文化内涵方面。中华大地孕育了中华文化，中华文化是中华大地之魂，二者完美地结合，铸就了真正的美丽中国。中华文化源远流长，滚滚黄河、滔滔长江，是最直接的源头。这两大文化浪涛经过千百年冲刷洗礼和不断交流、融合以及沉淀，最终形成了求同存异、兼收并蓄的最辉煌最灿烂的中华文明。

五千年来，薪火相传，一脉相承，伟大的中华文化是世界上唯一绵延不绝而从没中断的古老文化，并始终充满了生机与活力，其根本的原因在于具有强大的包容性和广博性，并充分展现了顽强的生命力和神奇的文化奇观。中华文化的力量，已经深深熔铸到我们的生命力、创造力和凝聚力中，是我们民族的基因。中华民族的精神，也已深深植根于绵延数千年的优秀文化传统之中，是我们的根和魂。

中国文化博大精深，是中华各族人民五千年来创造、传承下来的物质文明和精神文明的总和，其内容包罗万象，浩若星汉，具有很强文化纵深，蕴含丰富宝藏。传承和弘扬优秀民族文化传统，保护民族文化遗产，建设更加优秀的新的中华文化，这是建设美丽中国的根本。

总之，要建设美丽的中国，实现中华文化伟大复兴，首先要站在传统文化前沿，薪火相传，一脉相承，宏扬和发展五千年来优秀的、光明的、先进的、科学的、文明的和自豪的文化，融合古今中外一切文化精华，构建具有中国特色的现代民族文化，向世界和未来展示中华民族的文化力量、文化价值与文化风采，让美丽中国更加辉煌出彩。

为此，在有关部门和专家指导下，我们收集整理了大量古今资料和最新研究成果，特别编撰了本套大型丛书。主要包括万里锦绣河山、悠久文明历史、独特地域风采、深厚建筑古蕴、名胜古迹奇观、珍贵物宝天华、博大精深汉语、千秋辉煌美术、绝美歌舞戏剧、淳朴民风习俗等，充分显示了美丽中国的中华民族厚重文化底蕴和强大民族凝聚力，具有极强系统性、广博性和规模性。

本套丛书唯美展现，美不胜收，语言通俗，图文并茂，形象直观，古风古雅，具有很强可读性、欣赏性和知识性，能够让广大读者全面感受到美丽中国丰富内涵的方方面面，能够增强民族自尊心和文化自豪感，并能很好继承和弘扬中华文化，创造未来中国特色的先进民族文化，引领中华民族走向伟大复兴，实现建设美丽中国的伟大梦想。

目录

家训教诲

儿童蒙学

朱熹家训

君之所贵者，仁也。臣之所贵者，忠也。父之所贵者，慈也。子之所贵者，孝也。兄之所贵者，友也。弟之所贵者，恭也。夫之所贵者，和也。妻之所贵者，柔也。事师长贵乎礼也，交朋友贵乎信也。见老者，敬之；见幼者，爱之。有德者，年虽下于我，我必尊之；不肖者，年虽高于我，我必远之。慎勿谈人之短，切勿矜己之长。仇者以义解之，怨者以直报之，随所遇而安之。人有小过，含容而忍之；人有大过，以理而谕之。勿以善小而不为，勿以恶小而为之。人有恶则掩之，人有善则扬之。处世无私仇，治家无私法。勿损人而利己，勿妒贤而嫉能。勿称忿而报横逆，勿非理而害物命。见不义之财勿取，遇合理之事则从。诗书不可不读，礼义不可不知。子孙不可不教，童仆不可不恤。斯文不可不敬，患难不可不扶。守我之分者，礼也；听我之命者，天也。人能如是，天必相之。此乃日用常行之道，若衣服之于身体，饮食之于口腹，不可一日无也，可不慎哉！

家训教诲

　　家训是指对子孙立身处世、持家治业的教诲。家训是我国传统文化的重要组成部分，也是家谱中的重要内容，对提升个人修养具有重要作用。一个家族为了保持兴旺发达，常常建立必要的家法家规，以此约束族人的一言一行，这便是家训的最早起源。

　　随着社会的发展，我国从汉代开始，家训著作的内容日益丰富。其中许多治家教子的名言警句，成为世人谨记于心并严格遵守的治家良策，造就了历史上许多儒家所提倡的"修身""齐家"的典范。

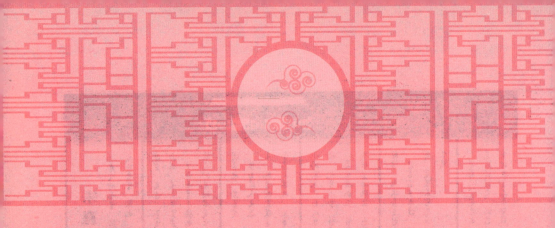

颜之推与《颜氏家训》

南北朝时期的531年，南朝梁西平靖侯颜协的儿子出生了，并取名叫颜之推。作为春秋时期孔子弟子颜回的后代，颜协希望自己的儿子也能精通孔孟之道，明晓儒家事理。

颜之推自幼聪明伶俐，7岁时就会背诵东汉辞赋家王延寿的《鲁灵光殿赋》，成了人们称赞最多的孩子。

颜之推8岁的时候，他的父亲颜协去世了。父亲的离世，使年幼的颜之推生命中第一次失去了依靠，这让他意识到应该早日自强自立，不能辜负父亲的希望，故而更加发奋学习。

颜之推12岁时，已经能够听懂《老子》《庄子》这类经典了。他不仅能听懂，还能作出分辨，认定老庄的思想不是自己能接受的，因此就去学《礼记》和《左传》。

颜之推19岁时，已经是学富五车、名扬天下的人了。由于他博览群书、词采华茂，深为南梁湘东王萧绎所赏识，便召他做了自己的属官国左常侍，掌管赞相礼仪、献策谏诤等事宜。

南北朝时期，时局动荡，各个诸侯都特别注重加强军事要地的守备。南梁萧绎派次子萧方诸做郢州刺史，镇守江夏，颜之推被任命为中抚军府外兵参军，随行参谋军务。

548年秋，东魏降将侯景勾结京城守将萧正德，举兵谋反，这就是历史上有名的"侯景之乱"。在此期间，国势大衰的南梁又相继遭到西魏和北齐的进攻，颜之推与萧方诸同时被俘。

紧急关头，幸亏为侯景行台郎中王则所救，颜之推才逃过了死刑，在建康度过了3年的囚房生活。这个经历，让颜之推体会到了人生的艰难。

后来，萧绎成了梁元帝，颜之推被任命为散骑侍郎、奏事舍人，备受信用。颜之推本来以为生活就此平静了，但是在554年，西魏入侵并攻占了梁都，颜氏一家都成了西魏的俘虏，被驱入关中。

在听说梁元帝之子萧方智在建康称帝后，颜之推便冒死率妻子逃离长安，企图转道北齐重返故国。可就在途中，颜之推又听说梁将陈霸先已代梁自立，他返回故国的计划已无望，只好滞留于北齐。

在北齐，颜之推受到北齐文宣帝高洋的礼遇，被引于内馆，侍从左右。这时的颜之推抱亡国之痛，虽然不断晋升，却始终得不到一刻的安生。

从幼时的丧父之痛，一直到青年时期的失国丧家，辗转流离，这让颜之推感觉自己生无所依。痛定思痛，他写了《观我生赋》，倾诉自己的苦难经历及屈仕北朝、有国难奔的痛苦心情：

备茶苦而蓼辛，鸟焚林而铩翮，鱼夺水而暴鳞，嗟宇宙之辽旷，愧无所而容身。

北齐灭亡后，颜之推在580年又在周静帝宇文阐的提拔下成为了御史上士。然而，波折一个接一个，仅仅才一年时间，丞相杨坚又取北周自代，建立了隋王朝。

颜之推由于满腹才华，颇得重视，隋文帝杨坚并没有想将他斩草除根，当时的太子杨广甚至将颜之推召为学士，对他十分尊重。自此，颜之推波折的遭遇终于画上了一个相对圆满的句点。

也许是坎坷的际遇令颜之推痛心，也许是一次又一次看到江山易主的经历使他对权贵不再热衷，在颜之推的思想中，少欲知足、谦虚自损的处世哲学占据着重要的地位。

颜之推看到，在南梁全盛时期，王公贵族子弟大都没有学识和本领，看上去像神仙一样。可是一遇到考试选拔人才，就要雇人代替，一参加公卿宴会，就要请人代写诗篇。

当遇到社会动乱，那些平日里不学无术的公子哥们由于体嫩力弱，往往只能坐着等死。即使幸存下来，但经过改朝换代，掌权授官的人已不再是自己过去的亲戚或同伙时，便什么门路也找不到了。

颜之推深知，像自己这样毫无依靠，不断被新的君主所起用的人，却因为有学识和技艺而随处都可以安居。作为一名望族之后，劫后余生的颜之推深深感到，在这朝不保夕的动乱年代，如何设法使名门望族能够趋利避害和继续绵延，正是他义不容辞的历史责任。

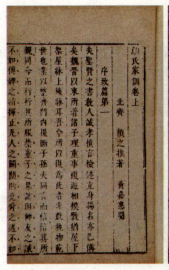
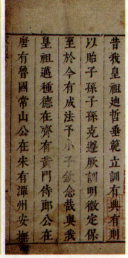

正是基于这样的考虑，颜之推下定决心要给后代一些训示和指导，于是他根据自己的切身感受

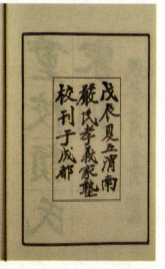

和体验，写出了一部书，并取名叫《颜氏家训》。

《颜氏家训》所涉及的领域非常广泛、全面，重点在于详尽的教育理论。在教育方面，颜之推的理论和方法主要体现在3个方面。

一是以儒学为核心的基本教育思想。颜之推生于儒学世家之中，自小就对《礼记》等儒家著作具有兴趣。因此，在儒家思想教育中获益匪浅的颜之推尤其重视依照儒家的道德规范来培养人才。

除此之外，颜之推还强调环境对人成长的重要性，强调幼年教育对人一生的重大影响，强调个人立志发愤是成才的重要因素。

二是经世致用的士大夫思想。作为一个名门望族的后代，颜之推对当时士大夫的生活十分熟悉。因满腹经纶而几次免于灭门之灾的颜之推，对当时普遍浑浑噩噩度日、游手好闲的士大夫们十分不满。

颜之推批判了当时的士大夫存在的理论脱离实际、毫无自身修养、败坏世风的三大弊端，还深刻而准确地提出了人才培养的6条目标，从"德"与"艺"两方面着手提出了一些具体方法。如首先要勤奋读书，其次要学以致用，最后是主张士大夫应向下层人们学习，不能轻视劳动生产，具备"德艺周厚"的水准，士大夫才能立身行正。

三是求实的家庭教育思想。由于魏晋南北朝时期的官学衰微，家庭教育十分兴盛，特别是门阀士族为了维持门第不衰，对此尤为重视。因而关于家庭教育的思想，在这一时期颇为丰富。而颜之推的家教思想在这方面很具有代表性，他认为，家庭教育应及早进行，甚至要从胎教开始。

颜之推回想自己的一生，发现幼时的聪颖和勤奋使自己受益不少。由此，他认为孩子在早期时的教育十分重要，这一点至少有两条原因：其一，幼童时期学习效果较好，得益较大。其二，人在年幼的时候心理纯净，各种思想观念和行为习惯尚未形成，可塑性很大。

颜之推认为，父母在家庭日常生活中应当严肃地对待儿童，严格要求，以树立威严，使儿童"为则为"或"止则止"。在教育子女的过程中只要是有效的方法和手段，不论是怒斥还是鞭打都可以使用。

颜之推还指出，在家庭教育中，除了严格要求子女外，还应给予子女适当的慈爱。这种慈爱不是一般意义上的偏宠，也不是溺爱。不论子女聪慧与否，都应该以同样的态度和教育标准来对待。

也许是因为幼年丧父又饱经乱世之中妻离子散的痛苦，颜之推对家庭也非常重视。他在《颜氏家训》中叮嘱后人，如果孩子幼年丧母，在另娶时一定要小心挑选新婚人选，

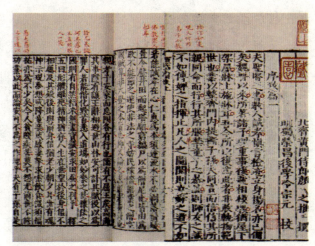

千万不能让继母与孩子之间产生隔阂。

由于重视孩子从小成长的环境，颜之推也十分在意兄弟的手足之情，认为兄弟间的感情是除父母、子女之外最为深厚的一种感情，兄弟之间的相亲相爱对于治家是十分重要的。

曾经历战乱却安然无恙，使颜之推对人的身体健康也非常重视，他强调养生学的方法可以有多种。真正的养生还必须注意避祸，必须将修身养性和为人处世的内外功夫结合起来。如果因傲物而受刑，因贪溺而取祸，那么再精于养生之术也是无用的。

颜之推要求自己子女从小就要学会正确发音，这也是最基本的知识教育。他还告诫子女，对未经查证的事物，不要妄下断语。这确实是一种严谨的求学态度。

《颜氏家训》内容驳杂，从琐琐家事，谈及社会人生；从修身治家，讲到音韵、训诂，因而对颜氏后裔产生了直接影响。

根据记载圣贤家族历史的古籍《陋巷志》所言，颜之推的3个儿子颜思鲁、颜愍楚、颜游秦，4个孙子颜师古、颜相时、颜勤礼、颜育德，都很有名气。

尤其是颜之推的嫡长孙颜师古，成为了后来唐代最著名的音韵学家、训诂学家和文学家。颜之推四世孙颜昭甫、五世孙颜元孙、颜惟贞也都是名家。六世孙有名的更多，尤为"颜氏三卿"，颜真卿、颜杲卿、颜春卿最为显赫。

《颜氏家训》是我国历史上第一部内容丰富、体例宏大的家训。"家训"就其本义来讲，是对本家族的子孙后代进行家庭教育的教材，但事实上它的作用却远不止此，而是对社会产生了重大影响，成为著述的一种体裁类别。

《颜氏家训》一经问世，即在社会上产生了重大影响。南宋藏书家陈振孙在其私人藏书目录《直斋书录解题》中说：

古今家训，以此为祖。

在颜之推以后，"家训"著作竞相模仿，以至于成了士大夫阶层的一种风气。《颜氏家训》对我国乃至世界家庭教育理论研究来说，都是非常宝贵的历史资料，其意义是显而易见的。

知识点滴

有一回，颜之推去"连襟"刘灵家里做客，喝茶闲聊的时候，刘家几个孩子就守在旁边伺候着。颜之推笑呵呵地问他们："和你父亲名讳同音的字，究竟有多少？你们能认全吗？"孩子们互相瞅瞅，都晃脑袋。

颜之推告诉他们：所有和自己密切相关的知识，一定要提前动手，反复核对。倘若冒冒失失地请教个文盲无赖，兴许被欺骗一辈子。这是原则问题，千万马虎不得。教导完毕，颜之推又对50多个同音字逐个儿讲解，孩子们得到了一次很好的教育。

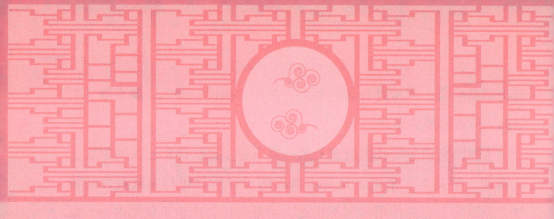

司马光与《温公家范》

北宋时期，在河南的西阳县曾经发生了这样一件远近闻名的事：几个六七岁的孩子在场院里玩耍。场院里放着一口存满水的大缸。有一个孩子攀上缸沿，一不小心掉进了水缸里，大家一看不好，都吓跑了。

这时，只有一个小男孩没有跑，他当机立断，搬起一块石头往水缸砸去，缸破了，水流出来，掉进缸里的孩子得救了。

这件事传播开来，有人

把它画成《小儿击瓮图》，一直流传至今。

那位机智的小男孩，就是北宋时期伟大的史学家、《温公家范》的作者司马光。

司马光出生于河南省西阳县，世代贵胄之家，他的先辈和堂兄们多是好学之士，爱好诗文。这个家庭是一个颇具政治经验和学问素养的家庭。族人累世聚居，人口众多，常常是几十口人，却都能和睦相处，宗族间也从无间言。这个家族，对内，勤俭自励，辛苦经营，治家有方；对外，慷慨尚义，关心乡里，抚恤孤寡，很受乡里尊重。

司马光自幼聪明伶俐，在父亲的教育下，刻苦读书，勤于思考。20岁时一举考中进士甲科，此后进京，升任馆阁校勘，负责编校图书典籍，后来迁任殿中丞，是专职史官。他用了19年时间，主持编撰了一部编年体巨著《资治通鉴》。此书在我国官修史书中占有极重要的地位。

　　在编撰《资治通鉴》的过程中，司马光深受礼教思想的影响，他把礼义道德教育具体落实到家庭教育上。《温公家范》一书，就是以儒家经典论证治国之本在于"齐家"的道理；同时广泛选取历代人物史事作为"轨范""仪型"，具体阐述各项道德准则和治家的方法。

　　《温公家范》简称《家范》，是一部比较完整的反映我国封建社会家庭道德关系的伦理学著作。书中宣扬了儒家的"修身、齐家、治国"的思想，阐述了司马光的封建伦理道德观点。

　　《温公家范》是继《颜氏家训》一书之后一部影响较大的家庭教育专著，在内容上既有反映封建地主阶级的正统思想和浓烈的政治要求，也有继承中华民族传统美德的伦理范畴。

　　从具体历史条件出发进行评价，也不无合理、可取的成分。特别是此书反映出司马光的家庭教育思想，尤为值得有分析地加以借鉴。

　　司马光在《温公家范》的一开头就指出，在家庭里，每个家庭成

画荻教子

员都遵守自己的道德规范，家道就正了。而家道正，国也就安定了。

司马光为进一步说明家庭教育和国家、社会的关系，又详细引述了《礼记·大学》篇里对于家庭、国家、天下三者关系的论述：

欲齐其家者，先修其身。欲修其身者，先正其心。欲正其心者，先诚其意。欲诚其意者，先致其知。致知在格物，物格而后知致，知致而后意诚，意诚而后心正，心正而后身修，身修而后家齐，家齐而后国治，国治而后天下平。

在司马光看来，"齐家"的中心问题或基本措施是教育家人，教育好全家成员。能教育好全家成员，便可以推而广之，影响和教育全国的人。事实上，连家里人都教育不好的人，是不会教育好其他的人的。

司马光的写作形式和颜之推的《颜氏家训》不同，他是采用对家庭教育分别论述的方法，并在论述的过程中，列举了大量历史实例加以阐述。

司马光认为早期教育有利于人一生的成长发展，充分肯定注意孩子早期教育的优良传统。他认为"古有胎教"，也就是说，古人在孩子未出生的时候就已经开始注意胎教了。

在这方面，司马光举例说，周文王之母在怀着周文王的时候，"目不视邪色，耳不听淫声，口不出敖言，能以胎教"。因此周文王聪明过人，能够"教之以一而识百"。

司马光还例举了"孟母三迁"的故事：春秋战国时期的孟轲，在年少之时，家住在坟墓的附近。孟轲经常喜欢学别人办丧事玩。

孟轲的母亲仉氏见此情景，说："这个地方不适合安顿儿子。"于是就带着孟轲搬迁到市场附近居住下来。

可是，孟轲又玩闹着学商人买卖的事情。孟母又说："此处也不适合安顿我的儿子。"于是又搬迁到书院旁边住下来。

孟轲以进退朝堂的规矩作为自己的游戏。此时，孟母说："这正

是适合安顿我儿子的地方。"于是就定居下来了。

等到孟子长大了，学成了礼、乐、射、御、书、数这"六艺"，最终成为了一代圣贤。

司马光曾经把早教比作成长中的小树，他说：树在小的时候，如果不修剪整枝，任其自然生长，很容易长得又歪又斜，等树木长成合抱之木，再去修剪整枝，能不费很大的气力吗？这样做，又好比是打开鸟笼把鸟放走，然后再去捉，也好比是松开缰绳把马放跑，然后再去追，哪有当初不开笼放鸟、不解缰放马更为省力呀！

针对儿童的心理特点，司马光认为对儿童进行早期教育的重要手段是给儿童树立正面的榜样，用正面的形象去影响儿童。他主张使儿童从小就"习其目端正"，让儿童经常看到正面的榜样。

司马光根据儿童的模仿性相当强，而分辨是非善恶的能力又比较差的年龄特点，提出千万不要欺骗孩子。他借用古代曾参的例子。

有一天，曾参的妻子要上街，儿子哭着闹着也要跟着去。为了摆脱孩子的纠缠，妻子对孩子说："好孩子，你在家里等我，回来给你杀猪炖肉吃。"孩子信以为真，就放弃跟母亲上街的要求。

妻子从街上回来，只见曾参正磨刀霍霍要杀猪。妻子赶忙阻拦说："我是哄孩子随便说的，怎么你真的要杀猪？"

曾参认真地说："小孩子的一言一行都是跟父母学的。我们说话不算数，言而无信，就是在教孩子撒谎。"为不给孩子产生言而无信的不良影响，曾参还是坚持把猪杀了，兑现了妻子对儿子的许诺。

司马光借用这个故事提醒做父母的，在儿童面前言行举止要谨慎，不能给儿童以不良的影响。

司马光注意到，家庭教育是由父母亲自教育自己的孩子，这样很容易产生娇惯溺爱的现象。他认为，由母亲亲自教育自己的孩子，不必担心她不爱孩子，反而要担心做母亲的只知道爱孩子，却不知道教育孩子。这不是别人的过错，完全是母亲的过错。像这种教训，从古到今屡见不鲜。

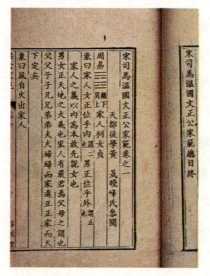

春秋时期，卫国有一个大臣叫石碏，他有一个儿子叫石厚，在朝为官，多行不义。石碏大义灭亲，为维护国家的利益和道义，亲自设计将石厚杀掉。石碏根据自己的切身体会曾进谏卫庄公说："我认为父母爱子女，必须教之以正理正道，不能眼看着他走邪路。有的人之所以骄奢淫逸，走邪路，完全是父母溺爱的结果。"

　　有鉴于此，司马光告诫父母们说："夫爱之当教之使成人。"意思是说，父母若是真正爱孩子，就应当努力把他们培养教育成才，不能只爱不教育。

　　在家庭里的祖辈人给子孙后代遗留什么的问题上，司马光举例说，有一位士大夫，其祖先是"国朝名臣"，"家甚富"。然而，这位士大夫却特别吝啬，白天把钥匙带在身上，晚上则压在枕头下边，钥匙是从不撒手。

　　后来，这位士大夫老了，身患重病，不省人事。他的子孙趁此机会，把钥匙偷出来，开藏室取其财。当老人苏醒以后，心里首先惦记的是那保管家财的钥匙，伸手一摸，钥匙不见了，一急之下便去世了。

　　司马光说，同上述那样的祖父母相反，圣贤之人却从来不是"遗子孙以利"，而是"昔圣人遗子孙以德以礼，贤人遗子孙以廉以俭。"是留给子孙后代以德、礼、廉、俭等好的风尚、品德。

司马光还介绍了许多贤明的为人祖者，以供后人效法。比如，春秋时期，楚国宰相孙叔敖临终之前对儿子说："国王要分封良田给我，我没有收。我死后，国王还会分封给你良田，你也不要收。"孙叔敖死后，国王果然要"以美地封其子"，但其子遵父嘱，婉辞谢绝，被传为佳话。

再如，汉宣帝时的皇太子的老师疏广，年老退休回家，皇帝赐给他黄金20斤，太子又送给他50斤。疏广回家后，每天都摆宴席，宴请乡亲、邻里、朋友、故旧，花去许多钱财。

子孙希望能得到一些钱财，就托一老人劝说疏广给子孙留下一些，置些田产。但疏广不同意，而是愿意给子孙留下美德，不愿留下大批财产而助长他们的过错。

对上述为人祖者司马光曾评价："此皆以德业遗子孙者也"，值得后人效法。

司马光不仅从道理上论述遗子孙以德、以义的重要意义，还大力提倡这种美德，并身先士卒，以俭朴的美德教导自己的子孙。

司马光专门为其子司马康撰写了《训俭示康》这一有名的家训。在家训中，他用司马家族世代以清白相承的家风，他自己俭朴的生活态度和古代圣人以俭为美的道德观念教育儿子，希望他继承发扬，牢记"以俭立名，以侈自败"的道理，并且要求司马康把俭朴家风世代传下去。

司马光继承了儒家"治国""平天下"的思想，而他所著的《温公家范》，就是礼义道德教育在家庭教育中的具体体现。因此成为了封建社会进行家庭道德教育的重要指南。

知识点滴

司马光幼年时，担心自己记诵诗书以备应答的能力比不上别人，所以大家在一起学习讨论时，别的兄弟会背诵了，就去玩耍休息了，他却独自留下来，专心刻苦地读书，一直到能够背得烂熟于心为止。

因为司马光读书时下的功夫多，收获大，所以他精心背诵过的内容，就能终身不忘。司马光自己曾经说："读书不能不背诵。当你在骑马走路的时候，在半夜睡不着觉的时候，吟咏读过的文章，想想它的意思，收获就会非常大了！"

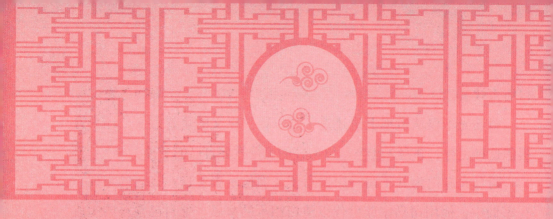

朱熹与《朱子家训》

在南宋时期的南剑州尤溪，住着一对夫妇。有一天，这户人家中的丈夫朱松带着怀孕的妻子上街闲逛，看见一个算命的卜卦者，就兴冲冲地上前去要他卜一卦。

卜者看看朱松怀孕的妻子说："富也只如此，贵也只如此，生个小男孩，便是孔夫子。"朱松听后高兴极了。后来，他的儿子出生了，朱松为他取名叫朱熹。

朱家虽然家境平凡，但朱松一直对当年算卦者的预言念念不忘，指望儿子一朝成才。这种信心的来源不仅是卦辞，连他自己也能感受到儿子不同寻常的灵气。

朱熹4岁的时候，小小年纪就

已经展现出了超人的头脑，曾指着天空向父亲问："那天的上面是什么？"直把父亲问得张口结舌。8岁的时候，朱熹就已经能熟读《孝经》了。

朱熹10岁时，父亲朱松去世了，朱松好友刘子、刘勉子、胡宪3人常来看望小朱熹。他们3个人都是醉心学佛的道学家，当时朱熹一家所生活的南剑州又是道学最初在南方传播的中心，因此朱熹十分热衷道学，与当地道学家交往甚密。这种环境对朱熹的一生有着深刻的影响。

1148年，朱熹考中了进士，3年后又被派任泉州同安县主簿，从此开始仕途生涯。1160年，朱熹向南宋学者李侗求教，后来发展出了新的哲学思潮理学。

南宋中期，金、蒙南侵，赋税苛重，百姓怨声载道，民族危机深重，加之儒家衰弱，南宋礼教废弛，理想失落，社会动荡不安。

为了稳定国家秩序，加强家庭和社会的凝聚力，拯救社稷，拯救国家，朱熹以弘扬理学为己任，奉行"格物致知、实践居敬"的教育理念，力求重整伦理纲常、道德规范，重建价值理想与精神家园。《朱子家训》正是在这样的背景下产生的。

这里需要说明的是，《朱子家训》有两个版本，一为南宋著名理学家朱熹所作，二为明末清初理学家朱柏庐所作。朱熹所作《朱子家训》也称《朱文公家训》，原题为《紫阳朱子家训》，而"紫阳"是朱熹的别号。朱柏庐所作《朱子家训》原名为《治家格言》，也叫《朱子治家格言》《朱柏庐治家格言》。

《朱子家训》对儒家的"齐家"思想进行了理学意义上的构建。

理学是儒学发展出的分支，理出于天而具于人者为道、为德、为事，"善者便是天理，恶者便是人欲"。因此，在朱熹的《朱子家训》里无处不流露着儒学的道德规范和品质标准，即仁、义、信：

> 君之所贵者，仁也。臣之所贵者，忠也。父之所贵者，慈也。子之所贵者，孝也。兄之所贵者，友也。弟之所贵者，恭也。夫之所贵者，和也。妇之所贵者，柔也。事师长贵乎礼也，交朋友贵乎信也。

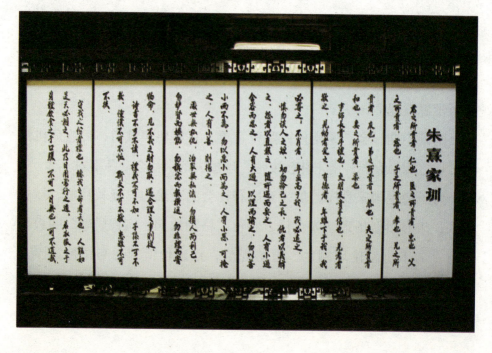

意思是说，当国君所珍贵的是"仁"，爱护人民。当人臣所珍贵的是"忠"，忠君爱国。当父亲所珍贵的是"慈"，疼爱子女。当儿子所珍贵的是"孝"，孝顺父母。当兄长所珍贵的是"友"，爱护弟弟。当弟弟所珍贵的是"恭"，尊敬兄长。当丈夫所珍贵的是"和"，对妻子和睦。当妻子所珍贵的是"柔"，对丈夫温顺。侍奉师长要有礼貌，交朋友应当重视信用。

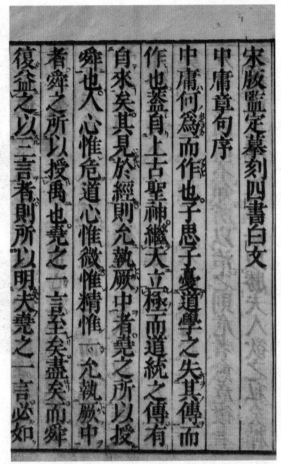

作为继承了儒家思想的哲学分支，理学同样也注重为人的修身之道。这方面的思想也在《朱子家训》中反映出来。

比如，遇见老人要尊敬，遇见小孩要爱护；有德行的人，即使年纪比自己小，也一定要尊敬他；品行不端的人，即使年纪比自己大，也一定要远离他。

再如，不要随便议论别人的缺点，切莫夸耀自己的长处；对有仇隙的人，用讲事实摆道理的办法来解除仇隙；对埋怨自己的人，用坦诚正直的态度来对待他；不论是得意或顺意或困难逆境，都要平静安详，不动感情。

这些道学和佛学思想，朱熹自小就耳濡目染，没有遗忘，因此他将道教尊道贵德的最高宗旨融合在《朱子家训》中。

朱熹认为：别人有小过失，要谅解容忍；别人有大错误，要按道理劝导帮助他。不要因为是举手之劳的善事就不去做，也不要因为是无伤大雅的坏事就去做了。别人做了坏事，应该帮助他改过，不要宣扬他的恶行。别人做了好事，应该多加表扬。

佛学体现在《朱子家训》中，就是戒嗔怒、戒妒忌，戒对不义之财的渴望。待人办事没有私人仇怨，治理家务不要另立私法。不要做损人利己的事，不要妒忌贤才和嫉视有能力的人。不要愤怒地对待蛮不讲理的人，不要违反正当事理而随便伤害人和动物的生命。不要接受不义的财物，遇到合理的事物要拥护。

朱熹和所有学识渊博的学者一样，深知生而有涯而知也无涯的道理，因此，他在家训中特意强调不能忽视对自身、对儿女等人的教育，还要有礼教、知本分、明事理。不可不勤读诗书，不可不懂得礼义。子孙一定要教育，童仆一定要怜恤。一定要尊敬有德行有学识的人，一定要扶助有困难的人。

朱熹的《朱子家训》要求父母对子女要"慈"，要"教"。所谓"慈"，即父母要疼爱子女。但是父母对子女千万不可溺爱，溺爱是害。如子孙不肖，对其放纵是不行的，朱熹指出："子孙不可不教也。"

朱熹强调，父母在对子女倾注慈爱的同时，还要加强对孩子的管教。人在孩童时期，神情未定，可塑性大，要抓紧这个有利时机给予教育，使其懂得礼仪，懂得做人的道理。

朱熹的《朱子家训》要求子女对父母要"孝"。所谓"孝"，是指子女要善待父母，父母在世，子女要奉养、尊重，父母死后要葬之以礼，祭之以礼。

朱熹强调的"孝"是真心实意的孝，是子女为报答父母养育之恩而心甘情愿地付出。父母辛辛苦苦将子女养大，在子女身上倾注了无数无私的爱，而作为子女，一旦独立就应当主动承担赡养父母的任务，使其安度晚年，在父母面前要和颜悦色，平常要多问寒问暖，问疾问安等。

朱熹的《朱子家训》要求夫妻关系和睦。夫妻关系是家庭的核心与基石。夫和妇柔是夫妻相爱的关键。所谓"和"，即喜、怒、哀、乐表现出来时，不走极端，保持心平气和的理智。所谓"柔"，即柔顺温和。夫和妇柔，就会相亲相爱，夫妻出现矛盾就会很容易化解。

"齐家"是实现"平天下"的前提，因此朱熹对家人非常重视，在《朱子家训》里强调兄弟之间要友爱。兄弟之间不能因一些小事而反目，骨肉相残，大动干戈。事实上，朱熹的这些合理的思想在长期的发展中，对维护和巩固家庭关系发挥了重要作用。

一向注重道德修养的朱熹还在家训里特别强调，在人际交往过程中，要坚持从自己做起，不要随便揭人的短处、背后说人家的坏话、伤害别人的感情。

在与人交往上，还要学会理解和宽容，别人有小的过错要用宽容的态度对待之，别人有大的错误，也要做好思想工作，以理服人，用道理使他明白错误的地方，促其改之。

倡导重德修身是朱熹《朱子家训》的又一重要思想。《朱子家训》中的"有德者虽年下于我，我必尊之；不肖者，虽年高于我，我必远之。"可以表现朱熹对德的重视程度。

朱熹也在强调儒教学说的重要性。他认为《诗》《书》《礼》《乐》《易》《春秋》等儒家典籍是"圣贤"之书，读"圣书"才可以修德，识礼义才可以养气。人因读书而美丽，人因识礼而高雅。读书是文化教育，识礼是素质教育，读书识礼，二者不可偏废。

家庭自古以来就是社会的基本细胞。对每个人来说，家庭是人生的起点，也是休息和生活的港湾。上至社会名流，下至平民百姓，事业成功的背后，都离不开家庭的支持和帮助。

营造一个温馨的家，创造和睦的家庭生活，无论是过去还是将来，都是人们追求的亘古不变的目标。而朱熹的《朱子家训》为实现这样的目标提供了一个理论上的指南。

朱熹在教育子女方面也留下许多佳话。有一次，朱熹到女婿黄干家中，黄干在外任职，其女儿朱兑因家贫只能准备葱汤麦饭招待久而不见的老父，心中实感内疚。

朱熹知道女儿的心思，笑着对女儿说："我儿切莫介意，这菜肴不同一般，可称美味可口。"吃罢饭，朱熹走进书房，铺开宣纸，饱蘸浓墨，挥笔写下一首诗："葱汤麦饭两相宜，葱补丹田麦疗饥。莫道此中滋味薄，前村还有未炊时。"女儿朱兑看过慈父这首诗，脸上顿露宽慰的笑容。

知识点滴

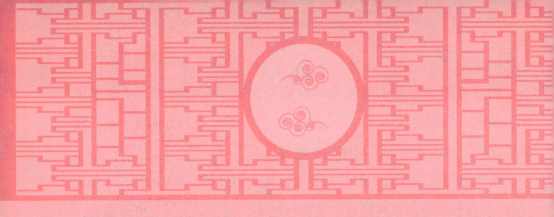

朱用纯与《治家格言》

　　1627年的一天，住在江苏昆山的朱集璜家有一个孩子诞生了。朱集璜是明末著名学者，他在初为人父的欣喜中，给孩子取名为朱用纯，希望他能以纯净明澈的心态做人。

　　朱用纯从小时候开始，就从父亲身上学到了很多。除了常常听朱集璜讲孔孟之道以外，朱用纯还慢慢积攒着许多书本上没有的知识。

　　可惜天有不测风云，1645年，朱集璜因为守昆城抵御清军失败而投河自尽。朱用纯昼夜恸哭，痛不欲生，当时才18岁的他从此成了家中的顶梁柱。那个时候，朱用纯的弟弟用白、用锦年纪还小，他的母亲还怀着从商，遗腹未生。朱用纯在家里上要侍奉老母，下要抚育两个弟弟，倍感艰辛。

　　后来，明清交替之后，朱用纯回想起元代行孝故事合集《二十四孝》中有个叫王裒的人，他的父亲王修被西晋奠基人司马昭杀害了。王裒悲痛死于非命的父亲，不曾朝西向而坐，用来表示自己永不做晋臣。王裒还在父亲的坟墓旁的柏树下盖起草庐，早晚经常到坟墓那里跪拜，手扶着柏树悲伤地哭泣。

朱用纯觉得自己与王裒同病相怜，因此改名号为柏庐，也学着王裒的样子，终生隐居，以教书为业，数次回绝了朝廷邀其为官的请求。

朱柏庐常常回想起父亲的音容笑貌，虽然早已时过境迁，但仍然觉得无限痛心。他清楚地记得父亲的一言一行。比如，当邻人们称赞父亲的渊博学识时，父亲总是一副谦和恭敬的样子。无论家境如何，自家总是十分干净利索，从不拖沓脏污。他记得起小时候父亲是怎样教育他不能浪费粮食、勤俭持家的样子。

再如，父亲是怎么重视他的学习，又是怎样在他幼时与玩伴打闹怄气时耐心开解他的。由于日夜思念，朱柏庐闭上眼睛，甚至能看见父亲活生生地站在他面前，正在一字一顿地教给他做人的道理。

在潜心研究"程朱理学"之余，朱柏庐萌生了写一本书的愿望，用来教示后代，让子孙们能在自己去世后仍然有着高尚的气节。

朱柏庐奋笔疾书，初稿写成后，又细细斟酌一遍，将书稿修改到了500余字，使它通俗易懂，内容简明扼要，对仗工整，读起来朗朗上口。最后成书，名为《治家格言》，也叫《朱子治家格言》《朱柏庐治家格言》。

朱柏庐深知一个人修养的重要性，因此在《治家格言》中，他提朱柏庐先生治家格言　黎明即起，洒扫庭除，要内外整洁。既昏便息，关锁门户，必亲自检点。一粥一饭，当思来处不易；半丝半缕，恒念物力维艰。宜未雨而绸缪，毋临渴而掘井。自奉必须俭约，宴客切勿流连。器具质而洁，瓦缶胜金玉；饮食约而精，园蔬愈珍馐。勿营华屋，勿谋良田。三姑六婆，实淫盗之媒；婢美妾娇，非闺房之福。童仆勿用俊美，妻妾切忌艳妆。祖宗虽远，祭祀不可不诚；子孙虽愚，经书不可不读。居身务期质朴，教子要有义方。勿贪意外之财，勿饮过量之酒。与肩挑贸易，毋占便宜；见贫苦亲邻，须加温恤。刻薄成家，理无久享；伦常乖舛，立见消亡。兄弟叔侄，须分多润寡；长幼内外，宜法肃辞严。听妇言，乖骨肉，岂是丈夫；重资财，薄父母，不成人子。嫁女择佳婿，毋索重聘；娶媳求淑女，勿计厚奁。见富贵而生谄容者，最可耻；遇贫穷而作骄态者，贱莫甚。居家戒争讼，讼则终凶；处世戒多言，言多必失。毋恃势力而凌逼孤寡，毋贪口腹而恣杀牲禽。乖僻自是，悔误必多；颓惰自甘，家道难成。狎昵恶少，久必受其累；屈志老成，急则可相依。轻听发言，安知非人之谮诉，当忍耐三思；因事相争，安知非我之不是，须平心暗想。施惠无念，受恩莫忘。凡事当留余地，得意不宜再往。人有喜庆，不可生妒忌心；人有祸患，不可生喜幸心。善欲人见，不是真善；恶恐人知，便是大恶。见色而起淫心，报在妻女；匿怨而用暗箭，祸延子孙。家门和顺，虽饔飧不继，亦有余欢；国课早完，即囊橐无余，自得至乐。读书志在圣贤，为官心存君国。守分安命，顺时听天。为人若此，庶乎近焉。

梦道先生雅属
乙卯长至书朱柏庐屋
彭城张仁夫

出了很多关于个人行为道德的要求：

> 黎明即起，洒扫庭除，要内外整洁。
>
> 既昏便息，关锁门户，必亲自检点。
>
> 一粥一饭，当思来处不易；
>
> 半丝半缕，恒念物力维艰。
>
> 宜未雨而绸缪，毋临渴而掘井。
>
> 自奉必须俭约，宴客切勿流连。

其实，朱柏庐本人是个很重视节俭并注重卫生方面修养的人。他说，如果浑身上下洗得干净、穿着整洁的话，即使是用砖瓦做的餐具也比金玉的强，如果饭菜少而精的话，即使只吃蔬菜也是美味。

秉承着自古以来"近朱者赤，近墨者黑"的训诫，朱柏庐也十分注重一个人的交友和与世人相处的方面。

朱柏庐主张做人要低调，不可炫耀，还主张要懂得识人，远离那些生性低劣的小人。他在《治家格言》中这样写道：

> 勿营华屋，勿谋良田。
> 三姑六婆，实淫盗之媒；
> 婢美妾娇，非闺房之福。
> 童仆勿用俊美，妻妾切忌艳妆。

由于常年钻研"程朱理学"，朱柏庐有着以仁待人、以严正身的传统思想。他认为，礼教无论何时都是不能荒废、不可丢弃的，这不仅仅是为了自己，更是为了子孙后代。

在朱柏庐看来，虽然家族里的宗亲们已经阴阳两隔了，但在祭祀时仍然要诚心诚意不可懈怠。即使是再愚笨的子孙，也要勤于教导让他明事理懂礼法。

如果为人刻薄主持这个家的话，天理是不会让他久享福气的。如果违背伦常，乖戾叛逆的话，马上就会消亡。

平常做人修身一定要品质淳朴简约，教育子孙一定要用好的方法。不要贪意外之财，饮酒不能贪杯过量。跟挑着扁担的小商贩做生意时，不要占他们的便宜。见到了境况窘迫的穷苦亲人或者邻居，要多多关心体恤他们才是。

除此之外，朱柏庐在《治家格言》中，也对为人父母之道进行了阐释：对于兄弟叔侄，要多多安抚贫寡，对于长幼内外，应当家法严格。只一心听妇人之言，溺爱了子女的人，哪里配得上称作是大丈夫呢？重视财产而对父母懈怠的人，不配为人子。女儿出嫁时要小心选择女婿，不要索取贵重的聘礼；儿子娶媳妇的时候要让他选淑女，别去计较嫁妆。

《治家格言》之所以300年间在我国有这么大的影响，不只是因为它集中体现了我国"修身齐家"的传统理想与追求，更重要的是它用了一种既通俗易懂又讲究语言骈偶的形式。

《治家格言》从治家的角度谈了安全、卫生、勤俭、有备、饮食、房田、婚姻、美色、祭祖、读书、教育、财酒、戒性、体恤、谦和、无争、交友、自省、纳税、为官、顺应、安分、积德等诸方面的问题，核心就是要让人成为一个正大光明、知书明理、生活严谨、宽容善良、理想崇高的人。事实上，这也是我国传统文化的一贯追求。

知识点滴

朱柏庐的《治家格言》问世以来，不胫而走，成为有清一代家喻户晓、脍炙人口的教子治家的经典家训，被士大夫尊为"治家之经"。其中一些警句，如"一粥一饭，当思来处不易；半丝半缕，恒念物力维艰"等，在后世仍然具有教育意义。

《治家格言》以"修身""齐家"为宗旨，讲我国几千年形成的道德教育思想，以名言警句的形式表达出来。因此，可以口头传训，也可以写成对联条幅挂在大门、厅堂和居室，作为治理家庭和教育子女的座右铭。

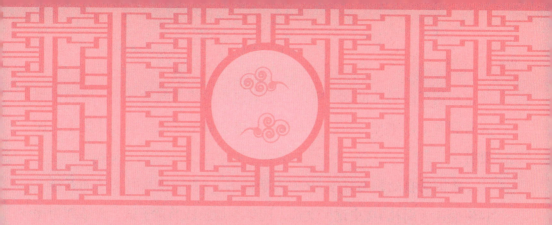

名臣曾国藩与《家书》

那是在晚清时的1811年11月26日，在湖南长沙府湘乡县杨树坪一个地主家庭里，一个重要的历史人物出生了。他就是后来被誉为"晚清名臣"的曾国藩。

据说曾国藩出生时，他的祖父曾经梦到有一条巨蟒缠在他家的柱子上，所以认为曾国藩是巨蟒转世。曾国藩出生后家中的一棵死梧桐树竟然重新焕发出了生命，让其祖父更加相信巨蟒转世这一梦语。

更凑巧的是，曾国藩患有类似"牛皮癣"一类的皮肤病，浑身上下都是像蛇的鳞片一样的癣，所以曾国

藩也相信了巨蟒转世这一梦语。后来他在岳麓书院学习时，因为怕别人看到身上的鳞片，所以夏天燥热时还穿戴整齐地读书，让先生大加赞赏。

曾国藩自幼勤奋好学，6岁入塾读书，8岁能读八股文、诵五经，14岁能读《周礼》《史记》文选，同年参加长沙的童子试，成绩列为优等。

说起来，曾国藩其实并不算是个聪明孩子。不仅不聪明，还笨得一塌糊涂。他小时候背书，一篇难度不大的文章却要反复背好几遍。

有一天晚上，曾国藩又在熬夜苦学，到了深夜，他家进了一个盗贼。盗贼原本以为这样一个富裕家庭的子弟读书只是做做样子而已，就耐心地藏在房梁上等着曾国藩早早去睡觉。可是，曾国藩左一遍右一遍地念文章，就是结结巴巴地背不下来。

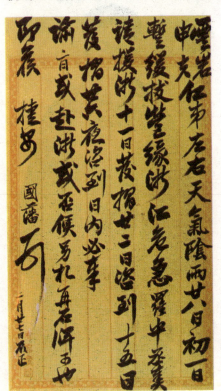

盗贼渐渐不耐烦了。眼看天色将亮，彻夜没能得手，气急败坏的小偷从房梁上跳下来，流利地将曾国藩反复念来念去的几个句子背诵了出来，然后扬长而去。

一个孩子反复背诵的次数甚至使旁听的人都能谙熟于心了，可见曾国藩确实不是机灵伶俐的孩子。

也正是因为这一点，曾国藩才更加发愤图强，刻苦学习。终于在22岁考取秀才，28岁中进士，初授翰林院检讨，充文渊阁直学士，升内阁学士兼礼部侍郎衔，最后升至总督，官居一品。

"买书不可不多"，是曾国藩的观点。1836年，25岁的曾国藩自京师到金陵，走过之处都要购书。归家后，"侵晨起读，中夜而休，泛览百家，足不出庭户几一年"。

"看书不可不知所择"，是曾国藩的另一观点。他最终所择者，于"四书五经"之外，就是《史记》《汉书》《庄子》及韩愈等人的文章。

曾国藩在仕途上官运亨通，从进士及第后，10年之中连升十级，并在京师赢得了较好的声望。他一生严于治军、治家、修身、养性，实践了立功、立言、立德的封建士大夫的最高追求。被后世视为道德修养的楷模。

曾国藩对他所处的历史时期和后世的我国社会，都产生过重要的影响，尤其是他留下的《曾文正公文集》一书，在历史上受到世人的重视。

《曾文正公全集》由曾国藩撰写，李鸿章之兄、湖广总督李瀚章编辑，共167卷，初于1876年刊行，几经刻印，卷数不一。全集包括奏稿、批牍、治兵语录、文集、诗集、杂著、日记、书扎、家书、家训

等部分。

但流传至今，并受世人重视的，亦只有其中的"家书"，难怪著名学者南怀瑾在《论语别裁》中说：

清代中兴名臣曾国藩有十三套学问，流传下来的只有一套《曾国藩家书》。

曾国藩能取得无数荣誉，不仅和他自幼勤学苦练有关，也得益于他平日里为人处世得当又谨慎的态度和作风。在他与家中亲属的往来书信里，仍然能解读出不少这位晚清名臣的学识造诣和道德修养。

曾国藩从小家教很好，对长辈的态度是十分恭敬的。但凡是他给父母的书信，开头无一不是以"男国藩跪禀"而开头，这句话的意思是"儿子国藩跪着禀告"。而且信中总是有诸如"付母亲大人万福金安"之类的恭敬语。

对于其余的兄弟姊妹，曾国藩也抱十分关切的态度。他在给父母亲的家书里时常询问家中亲属的状况，在跟弟兄间的通信里也时常细致地叮嘱对方。比如在"咸丰七年十月初四日"写给"沅甫九弟"的家书中写道：

弟在营须保养身体，肝郁最伤人，余平生受累以此，宜和易以调之也。

由此可见，这个在军营和官场上铁面又不苟言笑的曾国藩十分重视家庭，这跟儒家的"齐家治国平天下"不谋而合。一个人对待家人的态度，往往就是他处世时最常见的姿态。

曾国藩对学业的态度也是要以勤奋、虚心为主。自小就明白"勤能补拙"的他，在"道光二十四年十月二十一日"给"四位老弟足下"的家书中，劝导弟弟们不要恃才傲物，还举出了例子来警戒弟弟：

吾人为学，最要虚心。尝见朋友中有美材者，往往恃才傲物，动谓人不如己，见乡墨则骂乡墨不通，见会墨则骂会墨不通……气既长，终不进功，所以潦倒一生，而无寸进也。

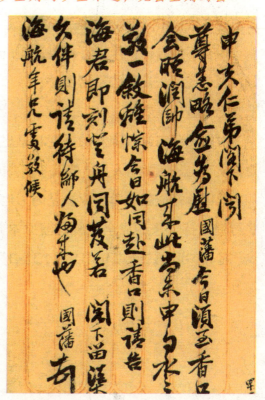

对于那些恃着自己的才能傲视一切，动不动就说别人不如自己的人，曾国藩认为他们实在也没有什么超人之处，而且还有见不得人的地方。

谦谨即谦虚恭谨。怎样识别谦与不谦？曾国藩告诫家人，谦谨是存之内心的，是自然而然流露的。流露在外

表的，主要有4个方面，一是面色，二是言语，三是书函，四是随员。

谦不谦，谨不谨，一看面色就知道，那些习惯于自以为是、颐指气使的，往往一副"舍我其谁"的面色，目光咄咄逼人，让人难以接受。

言语是思想的外壳，骄横的人并没有在额头上写上"骄横"二字，但言语之间透出的横气、霸气，却让人感到难以接受，因之欲要谦谨，必得言语温婉。

言语一变成文字，就白纸黑字了，所以落笔亦慎，用词也要圆融，不能口气太大。

为官不但自己要谦谨，还要让随员们学会谦谨，有的随员颇有气焰，狐假虎威，反而添乱帮倒忙，毁了主子的名声。所以选带随员要慎，管教随员要严。

对曾国藩来说，谦和的风度和思想不仅能构成一位儒雅之人的重要素质，也是能影响人身体健康的重要因素。

曾国藩能成就一番伟业，是因为他有着无数微小的良好习惯。这些习惯坚持下来，成全了曾国藩原本并不聪敏的头脑，使他获益匪浅。他在"道光二十二年十二月二十日"给弟弟的书信中说道：

诸弟在家读书，不审每日如何用功？余自十月初一日立志自新以来，虽懒惰如故，而每日楷书写日记，每日读史十页，每日记茶余偶谈一则，此三事，未尝一日间断。十月二十一日誓永戒吃水烟，洎今已两月不吃烟，已习惯成自然矣，予自立课程甚多，唯记茶余偶谈，读史十页，写日记楷本此三事者，誓终身不间断也。

在这封家书的末尾，曾国藩还"附课程表"，是他自己每日必做功课，其中包括主敬、静坐、早起、读史、写日记等13项内容。他也希望"诸弟每日自立课程"，并做到"终身行之"。

曾国藩能在官场上平步青云，除了自身严格律己之外，更是因为多有贵人相助。曾国藩的个人魅力已经强大到了即使对方并不想去做某个官职，也仍然愿意为了追随他而舍弃自己意愿的地步。

在曾国藩为官的时候，他的幕府里军事型、谋划型、经济型和技术型的人才应有尽有，精英智囊团的高度集成达到了登峰造极的境界。

正是因为曾国藩具有皇上不具备的、众多忠心耿耿的朋友，并且精诚团结、多荐贤能，打造出了古今无双、由精英荟萃高度集成的湘军幕府军事智囊团，从而平息了连朝廷的御林军都无法压制的内乱。

那么曾国藩是怎样看待交友这件事的呢？他在几封和弟弟来往的家书里，不断地强调要多和有贤能之才的

人往来，而且要勤于和对方联系，不能抱着占便宜的心态去接近或者利用友人。

在很多家书里，曾国藩谈起昔日里有摩擦和争端的人时，都是一副十分平淡的口气。在历史上，曾国藩并没有因为私人恩怨而存心报复，比如举荐过历来和他摩擦很大的左宗棠，由此可见他宽广的心胸和良好修养。

从一封封家书里，能看出的是曾国藩不仅对有积怨的人宽容以待，对钱财更是毫不计较。

明清两代的京官之苦，时人皆知。在曾国藩刚刚成为七品京官的时候，他的年俸仅为45两，外加作为津贴的"恩俸"和"禄米"也不过135两。

后来的晚清名臣、清代"洋务派"代表人物之一张之洞曾给京官算过账："日须一金，岁有三百余金，始能勉强自给。"京官的俸禄那么少，弥补这样大的收支赤字只有两法：一是收受外官的馈赠，二是借贷。

外官收入丰厚，为了构建关系网，每次进京，都要给熟悉的京官们送礼，名为"冰敬""炭敬""别敬"。这笔馈赠，少则数十两，多则数百两。

但是曾国藩很少利用手中权力为人办事，所以这种馈送次数很少，于是借债就成为他经济来源的主要部分。因为人品好，曾国藩借钱比较容易。

在1842年的年底，曾国藩已累计借银400两。这一时期，他在给父母的家书中多次出现"借""欠""窘"的字样，艰难形状，跃然纸上。他在"道光二十一年八月初三日"给父亲的书信中写道：

> 男目下光景渐窘，恰有俸银接续，冬下又望外官例寄炭资。今年尚可勉强支持。至明年则更难筹划，借钱之难……用钱日多，恐无付银回家……

不过，即使在生计不困窘的时候，曾国藩也立定主意不多往家寄钱。这不仅是因为要保持清廉之节，还因为他认定从小经过生活磨炼的人更容易成大器，"若沾染富贵习气，则难望有成"。

曾国藩曾经说自己有"三畏"：畏天命、畏人言、畏君父。曾国藩的一生，也始终是在如履薄冰、如临深渊这样的心境中度过的。清道光时的1854年，曾国藩升了官。但是在给弟弟的家书中，曾国藩表示不但不敢高兴，反而感到战战兢兢。

他在信中说：这次升官，实在是出乎我的意料。我日夜诚惶诚恐，自我反省，实在是无德足以承受。你们远隔数千里之外，一定要匡正我的过失，时时寄信

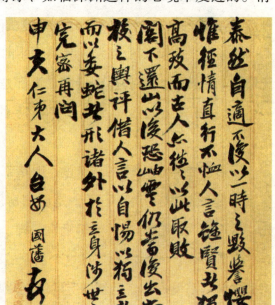

来指出我的不足，务必使累世积累下的阴德不要自我这里堕落。

弟弟们也应当长存敬畏之心，不要以为家里有人当官，于是就敢欺负别人；不要以为自己有点学问，于是就敢于恃才傲物。要长存敬畏之心，才是惜福之道啊！

在持家教子方面，曾国藩主张勤俭持家，努力治学，睦邻友好，读书明理。他常对子女说，只要有学问，就不怕没饭吃。他还说，门第太盛则会出事端，应该不把财产留给子孙。因为子孙不肖的话，留了财产是祸害；要是子孙图强，留下财产也没意义。这就是他所谓的盈虚消长的道理。

曾国藩的祖父在他和家中兄弟幼小时总是教导他们要有志气，不能懦弱，因此曾国藩的不少持家之道都是从他祖父那里继承的。他在和弟弟的书信中说祖父认为治家有8个字的要诀，就是"书、蔬、鱼、猪、早、扫、考、宝"。

读书是要勤学，种菜、养鱼、喂猪都是养家的事，"早"字，是黎明即起的意思。"扫"字，是洒扫房屋庭院。"考"字是祭祀祖先，奉祭显考王曾祖考，当然妣也一样。宝，指与亲戚邻居，时刻往来，贺喜吊丧，问疾济急。在这个治家的8字要诀上，曾国藩又在和四弟曾国潢的信里提及自己新加上的治家"八本"的观点：

读书以训诂为本，作诗文以声调为本，事亲以得欢心为本，养身以戒恼怒为本，立身以不妄语为本，居家以不晏起为本，做官以不要钱为本，行军以不扰民为本。

曾国藩还在家书里不断强调，一个家里最重要的原则就是孝悌。孝，是对父母、对长辈的感恩、尊敬与赡养；悌，是指兄弟之间和睦友爱，也就是同辈之间的融洽与和谐。

在曾国藩的家书里，他写给弟弟的信甚至要比给自己孩子写的还多，可见他对兄弟之间关系的重视。

曾国藩在家书里，除了"和以治家"的宗旨外还特别强调"勤以持家"。"勤以持家"在曾国藩那有两层意思，一是家庭成员要克勤克俭，一是做家长的要勤以言传身教。所以，曾家子弟代代皆有英才。

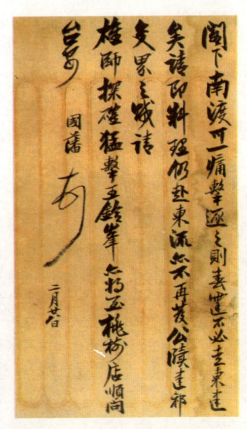

曾国藩在《家书》中反映出来的曾国藩主要活动和他治政、治家、治学、治军的思想，是研究曾国藩其人及这一时期历史的重要材料，更是后世的人们借以道德修养的范本。

曾国藩早年致力学问，其学术研究从历史、古文到书法、理学以及各种典章制度。他渴望多做学问，与当朝大学问家梅曾亮、何绍基等名士媲美，但他最终没有成为一位著述丰富的大学者，主要原因是他还来不及著书立说，就升至二品高官，从此忙于官场之争，再后来投身于戎马征战之中，使他不可能固守书苑，一心研究学问。

曾国藩在攻克天京后，权势极大，清朝对其极不放心。曾国藩具有丰富的政治经验和历史知识，熟悉历代掌故，因而在击败太平天国后，他一方面自裁湘军，一方面把家书刊行问世，借以表明自己忠心为清廷效命之意。

曾国藩家书自此起便风靡流行，历久不衰。后经多家取舍整理，形成多种版本。总的说来，他的家书现存1400多篇，从道光二十年到同治十年，历时30年，其内容包括了修身、教子、持家、交友、用人、处世、理财、治学、治军、为政等方面，这些家书真实而又细密，平常而又深入，是一部真实而又生动的生活宝鉴。

知识点滴

一天，天气晴朗，年幼的曾国藩从学校回到了家里。刚放下书包，其父就焦急地对曾国藩说："我明明煮了5个鸡蛋，怎么只有4个？煮熟的鸡蛋是分给你们吃的，现在少了一个。"

曾国藩思索了一下，端出一个脸盆，倒了几杯茶，把家里的人都喊拢来，叫每人喝一口茶水，吐到盆里，他站在旁边观察，结果有一个用人吐出的茶水里夹有鸡蛋黄粉。曾国藩的父亲高兴极了，觉得儿子聪明，将来能当官审案子。

儿童

　　自古以来，国人特别重视童蒙教化，把它作为承传家道、家学、家业的根本。其基本目标是培养儿童认字和书写的能力，使之养成良好的生活习惯，能够具备基本的道德伦理规范，并掌握一些古代文化的常识及日常生活的一些常识。

　　童蒙教化主要是以儿童读本的形式进行的。这些诞生在古代的儿童读本中有民族文化血脉的精髓，也有些不合时宜的糟粕。而它们中蕴含的那种希望孩子增长见闻、知礼向善的良苦用心，却可在父母师长的谆谆教导下代代流传。

第一部蒙学《千字文》

在南北朝时期的482年，有一天，一个背着行囊的13岁男孩走在南朝齐的都城建康的大街上，神色欣喜地东张西望。这个男孩叫周兴嗣。他远离家乡姑孰，即现在的安徽当涂，出外闯荡，就是为了多学知识，充分发挥自己的天资。

在建康经过十几年的游学，周兴嗣已经能精通各种纪事文章的写

法，每次下笔，必是文采斐然。他仍然醉心于游学之中，以便见识各种风土习俗。

一次返乡，周兴嗣途经江苏苏州，看到天色已晚，就在当地的客栈住宿。夜里，睡得迷迷糊糊的周兴嗣听见有个低沉的声音对他说："周兴嗣，你才学盖世，不久就会结识到尊贵的大臣，最后被圣明的君主重用。"

这声音响在耳际，像是说话的人就近在咫尺。周兴嗣吓了一跳，猛地惊醒后四处查看，却发现客栈的房间里门窗紧闭，根本没有人进入的痕迹。

494年，也就是周兴嗣25岁这一年，曾任南朝宋宰相的谢朏为避宫廷争斗，自请外任吴兴太守，周兴嗣性情平和，文雅有礼，使得一向厌恶与士人交往的谢朏对他另眼相看，常在一起谈文论史。

后来谢朏奉命回朝时，就在朝廷极力推荐周兴嗣的才学。不久，

周兴嗣得到了梁武帝的重用，升为给事中，专门给皇室写文章。

梁武帝在位48年，一生戎马倥偬，但始终未忘读书，他深知那些"生于宫廷之中，长于妇人之手，未尝知忧知惧"的皇子的确是愚的恶的多，而贤的善的少。为了巩固梁朝江山，他希望自己的兄弟子侄，能够在他治下的太平年代成为饱学之士，成为继他而起的"出乎其类，拔乎其萃"的人物。

然而，用心良苦的梁武帝却发现，天下竟然没有一本适合皇子皇孙的启蒙读物。当时流行的一些书籍，如《尚书》《左传》《论语》等儒家经典，对于孩子们来说程度较深，实为不便。

起初，梁武帝命翰林待诏殷铁石从大书法家王羲之的书碣碑石中揭下1000个各不相同的字，每字一纸，一字一字地教授那些皇子，可是这种教法杂乱无章，不便于记忆，收效甚微。

梁武帝后来就想到，若是将这一千个各不相同的字，编成一篇通畅又有韵味的文章岂不是更妙？可是，这样的文章由谁来写好呢？自然就是他最喜爱最重视的文臣周兴嗣了。

随意找1000个字组成一篇文章，听起来很简单，但其实是很难办到的。因为梁武帝想要的这千字文里没有一个字重复，组合起来又要有寓意，而且还要顾及文体文法，读出来还要朗朗上口，这实在是很苛刻的要求。

周兴嗣接到诏令后，回家找出王羲之的遗作，连夜工作。他伏案编撰，充分调动所有的知识库存，天才的大脑急速运转着，将那杂碎无序的1000个字一遍遍地排列组合，推敲斟酌。

最后，他采用四言韵语，8字一句，分125段完成，没有重字重义。第二天雄鸡报晓之时，终于编出了锦绣华章《千字文》。

因为太费心劳神，周兴嗣发现自己竟然忙得一夜白头了，就像伍子胥过昭关那样，满头乌黑的发须，都变成了雪白的银丝。

宋代类书《太平广记》这样记载了这件事：

> 梁武帝教诸王书，令殷铁石于大王书中拓一千个字不重者，每字片纸，杂碎无序。帝召兴嗣曰："卿有才思，为我韵之"。兴嗣一夕编缀进上，鬓发皆白。

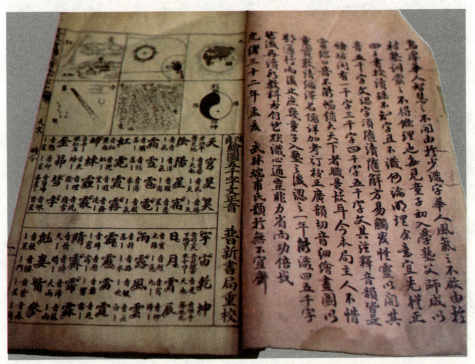

　　周兴嗣到朝堂上报告时，梁武帝看见他几乎不敢相认。梁武帝欣赏过周兴嗣的作品之后，大喜过望，又重赏了周兴嗣，提拔为佐撰国史。其他大臣看过这篇《千字文》之后，也纷纷赞不绝口，随后马上在宫廷的蒙学教育中流行起来。

　　周兴嗣选择的内容从远古的混沌初开、日月运行、四季循环开始，叙述江河鱼鸟等自然界生物及景观。从伏羲氏、神农氏的龙师火官、天地人三皇，到仓颉造字，嫘祖制衣，囊括了天地、历史、人事、修身、读书、饮食、居住、农艺、园林以及祭祀等各种社会文化知识，对偶押韵、文法细畅，便于记诵。

　　我国很早就出现了专门用于启蒙的识字课本，如秦代李斯的小篆

周公辅政

体《仓颉篇》。但是这些被称为"字书"的作品多数影响不大，在流传中也出现了种种问题，可读性有限。

而《千字文》内容精、文辞美，又是皇室用书，知名度高，以这种无可挑剔的姿态问世，便成为了我国历史上第一部真正的蒙学读本。后来的明代语言学家顾炎武曾经点评过《千字文》，他说：

> 读者苦《三苍》之难，便《千文》之易，于是至今为小学家恒用之书。

"《三苍》"指的是秦李斯《仓颉》7章、赵高《爱历》6章、胡毋敬《博学》7章。是秦统一文字之后，介绍小篆楷范的字书。汉代合此3书为一，断60字为一章，统称为《仓颉篇》。"《千文》"指的就是《千字文》。

《千字文》在内容上熔各种知识于一炉，并通篇贯穿以统一的思想，脉络清晰，语言洗练，这些长处是此前读物所缺少的。它的长处后来为《三字经》所吸取，为这部优秀童蒙读物的出现提供了借鉴经验，这只要对二者稍加比较就可明白。

《千字文》之后，尤其是宋以后，童蒙读物层出不穷，数目众多，这些作品在通俗性和知识性方面，都做了很多努力，各有长处，甚至还有《续千字文》《新千字文》等，但它们之中无一能与《千字文》相比。

因为其他文献的一个共同缺点就是文采稍逊，都无法与《千字文》的文采相比。《千字文》在文采上独领蒙学读物风骚，堪称训蒙长诗。许多人不但把《千字文》当作一部启蒙教材来读，而且作为学习书法的绝好范本。

在《千字文》的流传过程中，隋唐之际的智永和尚功不可没。智永是王羲之的七世孙，他用30年的时间，摹写了800本真草《千字

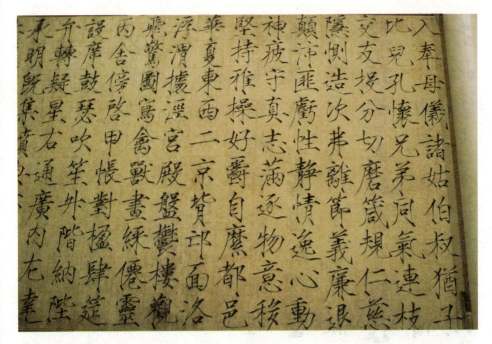

文》分赠浙东各寺庙。

因为求书的人越来越多，住处的门槛几次都被踏穿，所以包了一层铁皮，人称"铁门槛"。智永的这一举动，既保存了王羲之的书法艺术，又使《千字文》得到了广泛的传播。

智永之后，历代写《千字文》的书法大师比比皆是，著名的有唐代书法家怀素、北宋皇帝宋徽宗、元代书法家赵孟頫、明代书法家文徵明等。他们的作品流传很广，书体与风格各异，可谓千字千姿，影响也很大，无疑大大促进了《千字文》在民间的传播，大大提高了《千字文》的知名度，而且也为世人留下了很多伟大的艺术瑰宝。

唐代以后，《千字文》这种形式被人们广泛地加以采用和学习，出现了一大批以《千字文》为名的书法作品。

比如：唐代僧人义净编纂了《梵语千字文》，宋代文士胡寅著有《叙古千字文》，明代文学家卓人月有《千字大人颂》，清代侍读学士吴省兰有《恭庆皇上七旬万寿千字文》等等。这些所谓的作品内容各不相同，但都以《千字文》为名，足见《千字文》影响之大。

《千字文》在古代的影响是多方面的。宋真宗时，编成了一部4359卷的《道藏》，分装在400多函中，每一函都按《千字文》的顺序编号，起于"天"字，止于"宫"字，所以人称这部《道藏》为《大宋天宫道藏》。

明清时期，《千字文》被用于科举考试的贡院，每一间用于考试的号房都用《千字文》来编号。清代长篇小说《儒林外史》第二回描写了屡试不中的周进到省城参观贡院时的情景：

到了龙门下，行主人指道："周客人，这是相公们进的门了。"进去两边号房门，行主人指道："这是'天'字号了，你自进去看看。"周进一进了号，见两块号板摆的齐齐整整，不觉眼里一阵酸酸的。

古代一些需要用较大数字编号的项目，多采用《千字文》，这恐怕是连作者周兴嗣都始料不及的。

《千字文》与《三字经》《百家姓》被后世称为"三百千",是3部影响大而流行广的启蒙读物。"三百千"将早期的识字教育与我国的历史文化,以及人格修养的教育巧妙地融合在了一起。言辞简练,含义丰富,朗朗上口,便于诵读。

相比之下,《千字文》基本不存在被后人反复修改增补等问题,因而版本清楚,面貌原始,这给阅读带来了许多方便。

《千字文》问世以来的流传表明,它既是一部流传广泛的童蒙读物,也是我国传统文化的一个组成部分,在我国古代的童蒙读物中,是一篇承上启下的作品。它那优美的文笔,华丽的辞藻,是其他任何一部童蒙读物都无法望其项背的。

《千字文》作为一部有影响的作品,在很早就涉洋渡海,传播于世界各地,曾作为许多国家的汉字初级读本。

日本不仅有多种版本的《千字文》,而且出现了很多内容各异但都以《千字文》为名的作品。1583年,《千字文》传入朝鲜,出版了以朝语释义注音的《石峰千字文》,被用来教授儿童习汉字,成为汉字应用于韩国语言的推动力量。1831年《千字文》被译成英文。此后数十年中,相继出现了《千字文》的法文本、拉丁文本、意大利文本。

知识点滴

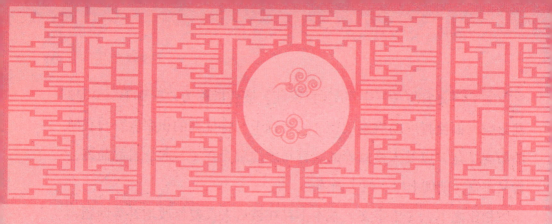

有凝聚力的《百家姓》

在北宋初年的杭州城，生活着吴氏一家4口，这家的大儿子已经成年，是个书生了，他的弟弟还年纪很小，每天还在牙牙学语。

有一天，吴家的邻居过来串门，见到他家的小儿子，就逗他说：

"你还记得我是谁吗？"

小儿子抬头看看邻居的脸，张口结舌了半天，才慢吞吞地用天真的童声回答道："是孙大娘。"

吴家的妈妈笑着拍拍小儿子的头，告诉他说："又记错啦！孙大娘是集市上卖糖给你吃的呀，怎么连个姓氏都记不住呢？"

邻居看了看小儿子，也笑着说："哎呀，小孩子嘛，认人都认不准，再说姓氏那么多，他们学一个忘一个的，这也没办法嘛。咱们小时候不也都这样吗？"

这番闲谈引起了吴家大儿子的注意，他想到，这么久以来，世间都没有过一本统计天下姓氏的书，是多大的遗憾啊！世间人口众多，姓氏也纷繁复杂，各有各的故事，如果能把它们总结在一起，一定是件趣事。

再说，收集天下人的姓氏编辑成册，无论是编写还是阅读，都不

会有多大困难，还能让孩童早些识字，知晓四方姓氏。吴家的大儿子想到此，打定了主意。

从第二天开始，吴家的大儿子就挨家挨户地上门前去询问主人的姓氏，并让主人再说出自己所知的关于这个姓氏的起源、发展、演变的故事。渐渐地，越来越多的人知道吴家的大儿子统计了一本小册子，上面收集着很多人的姓名，还有每个姓名的来由。

大家对这本小册子的兴趣越来越浓，每天都有人饶有兴趣地抢着翻阅，从各自的姓氏中判断哪个姓氏和自己可能有血缘关系。还有的人则纯粹是为了长长见识，了解一下先祖的经历，或者看看世上的其他人还有什么少见的姓。

结果，这本书的影响越来越大，官府知道了，学者们知道了，就连当今朝廷也知道了。皇帝对这件事有了兴趣，干脆派出官员专门去

　　详细地统计，同时，给这种书命名为《百家姓》。

　　《百家姓》并非是因为只统计了100个姓氏，而是以"百"来表示多的意思。另外，《百家姓》的第一句是"赵钱孙李"。

　　《百家姓》以"赵"姓打头，并非因为"赵"为天下第一大姓。而是因为它是完书于北宋初年，宋朝的皇帝的姓是赵氏，"赵"自然成为当时的"天下第一姓"，要排在首位。五代十国时期吴越国的国王姓'钱'，后裔居浙江，所以，"钱"姓便排列第二。钱的妃子姓孙，借钱氏之威势，"孙"又排在第三。李是南唐李后主的姓。"李"姓排在第四。这就是《百家姓》的开场白"赵钱孙李"次序的由来。

　　《百家姓》的排列体现了封建帝王的专制，以后各朝代为此目的都对《百家姓》的排列进行过修改。各朝都把皇帝的姓排列在首位，只有清朝康熙年间的《御制百家姓》以孔子的姓为首。

早在唐太宗的时候，吏部尚书高士廉，就把民间的"姓"收集记录下来，写成了一本《氏族志》，这本书被颁行天下，作为当时推举贤能做官或通婚结亲的依据。

《百家姓》采用四言体例，句句押韵，虽然它的内容没有文理，但读来顺口，易学好记，颇具实用性。它与《三字经》《千字文》合称为"三百千"，是我国古代蒙学中的固定教材。

《百家姓》受我国传统文化影响极深：它所辑录的姓氏，体现了我国古人对宗脉与血缘的强烈认同感。姓氏文化或称谱牒文化，则是我国传统文化的重要组成部分。

中华民族是世界上"寻根意识"最强的民族。《百家姓》在历史的衍化中，为人们寻找宗脉源流，建立血亲意义上的归属感，帮助人们认识传统的血亲情结，提供了重要的文本依据。它是国人认识自我与家族来龙去脉不可缺少的文化文献基础蓝本，是我国最早的姓氏

书。我国是历史上最早使用姓氏的国家。古老的姓与氏经过不断的演变，遂成为我国的百家姓，这期间经历了漫长的历史过程。

姓，是标志家族系统的称号，是人们进行社会交往的先决条件，涉及千家万户，关系到每一个社会成员。姓氏的起源可以追溯到人类原始社会的母系氏族制度时期，所以我国的许多最早的姓氏都是女字旁或部首。姓是作为区分氏族的特定标志符号，如部落的名称或部落首领的名字。

传说黄帝住姬水之滨，以姬为姓；炎帝居姜水之旁，以姜为姓。舜帝以大禹治水有功，赐姓为姒。此外，部落首领之子也可得姓。

黄帝有25个孩子，得姓者14人，为姬、酉、祁、己、滕、任、荀、葴、僖、姞、儇、依，其中有4人分属二姓。祝融之后，为己、董、彭、秃、妘、曹、斟、芈等8个姓，史称"祝融八姓"。

夏商时期，贵族皆有姓氏。姓的分支为氏，意思相当于家或族。

夏王室为姒姓，另有霸主昆吾为己姓，己姓中有苏、顾、温、董、豢龙等氏。商王室为殷姓，另有霸主大彭、豕韦为彭姓。商代还有条氏、徐氏、萧氏等13个姓。周代是我国姓氏大发展的一个重要时期，姓氏制度见于记载者较多。

到东周时期，可考的姓氏有姒、子、风、嬴、己、任、祁、芈、曹、董、姜、偃、归、曼、熊、隗、漆、允等22姓。

百家姓的排名只是名义上的，虽然有字面上的这么多姓，但实际上部分姓是从某姓衍生出来的。

比如，"五帝"之一的舜，其后子孙以姚为氏，称为姚氏。因舜帝居姚地，有子孙以姚为姓，称为姚氏。舜在当帝之前，曾经在妫河边居住，他们的子孙有留在妫河边居住的，便以妫为姓。

再如，舜帝登帝位后，仁德荣耀，有子孙以帝名舜为姓。禹封舜长子商均于虞，至始祖四十三世孙妫满封于陈，官拜陶正，谥胡公，其子孙或以国号陈称姓，或以官号改称陶唐氏，或以谥号胡称姓，或以尊讳满称姓。

姚氏演变至汉代，衍生出妫、舜、虞、陈、胡、田、袁、王、孙、陆、车等60姓。妫、陈、田、姚、胡5姓同根同源，其血缘先祖同为舜帝姚氏。南宋史学家郑樵在考辨、论述姓氏的专著《通志·氏族略》里面记载：

虞有二姓，曰姚曰妫。因姚墟之生而姓姚，因妫水之居而姓妫。

因而史称妫、陈、田、姚、胡为"妫汭五姓"。由此说明，在中

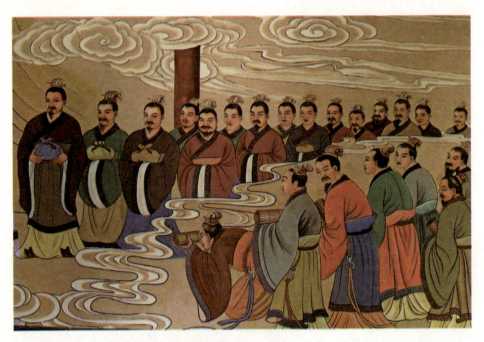

华姓氏中，繁姓同根，异氏同源，是一家亲。

东周时期，虽然贵族有姓，但只有女子才称姓，未婚女子如齐姜、宋子二姓，齐、宋为国名，姜、子为姓。已经出嫁的女子，如江芊、栾祁，江、栾为夫家国、氏名，芊、祁为女子本人的姓。在当时有同姓不婚的习俗，因此称贵族女子的姓以示与夫家之姓有所区别。

周代实行宗法制，有大、小宗之别。一个氏的建立表示一个小宗从大宗分出来，另立门户。建立诸侯国要经周王认可，卿大夫立新家要得到君主允许，称之为"胙之土而命之氏"。

炎黄子孙是最重视祖先、家族的，人们初次见面，问的第一个问题常常就是"您贵姓"。姓不仅代表一个人的族属，还承载着浓重的家族、地域内涵。

从简单的一个姓氏，能看到历史上的政治、文化、民俗的许多东西。所以，古人教育孩子，首先要让他知道自己姓甚名谁，了解自己的根脉。

《百家姓》早先收集了411个姓氏，后经增补到500余个。但据有关报道，研究姓氏的专家从古今文献上能够收集到包括生僻姓氏在内的数千个姓氏。

随着岁月的流逝，不断出现新的姓氏。如为孩子取名时，取男女双方两个单音姓合成复姓，又为姓氏"家族"增添了新的成员。

姓名学是每个国民不可缺少的文化知识，让孩子了解我国独特的姓氏文化，是对孩子教育不可缺少的一部分。而读了《百家姓》，孩子们不仅能了解许多历史故事，还能熟悉传统文化和历史知识，在姓氏文化中所包含的民族凝聚力的影响下，爱家、爱族人、爱国。

知识点滴

　　元代出版的《百家姓》是现今所见最早的，它根据汉字和蒙古字的语音、笔画对应而成。但是元版《百家姓》并不完整，流传已久的《百家姓》直到明代才收录完整。它总共记录了438个姓氏，其中408个是单姓，由102行组成，38个是复姓，编成15行。最后一行是"百家姓终"，即百家姓完结篇，由118行构成，共有472个字。

　　清代后期又出现了《增广百家姓》，书中记录了444个单姓，60个复姓，结束语为"百家姓序"，读起来很像古时的四句诗词。

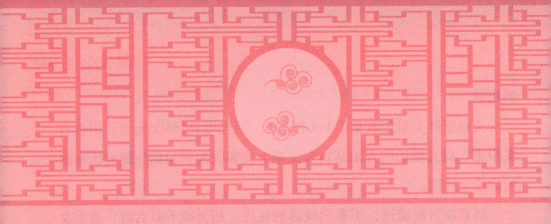

儿童启蒙经典《三字经》

南宋时期的1223年8月17日，这一天，庆元府鄞县的吏部郎中王撝喜得一对龙凤胎。他将一双儿女以麒麟和凤凰命名，分别取名为王应麟和王应凤。

王应麟天性聪敏，最讨父亲的欢心。他9岁就能通读六经，19岁就中了进士，成了家族的骄傲。王应麟对"程朱理学"很感兴趣，在为官的同时也没有放松勤读经史。

王应麟似乎和麒麟一样，生来就是一身正气。在他担任衢州西安县主簿的官职时，因为年龄小而被一些人看轻，所以在纳赋税时故意延迟，想给

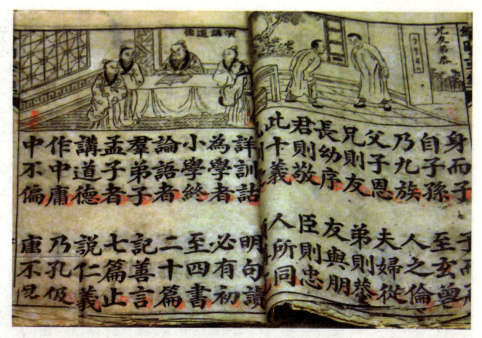

这个年纪轻轻的小主簿一个下马威。

　　结果，王应麟毫不马虎地将所有故意拖延赋税的人都上报给了郡守，要求将他们绳之以法。当地县民从此知道这个脾气倔强的小官吏不好欺负，从此就再不敢故意捣乱，对他十分畏服。

　　王应麟后来步步晋升，但这股正直的勇气一直未减。由于他不喜欢像别人那样圆滑处世，无意中得罪了不少人，后来，因为不想包庇污吏而遭到报复，曾经几度被罢官。

　　宦海沉浮，让王应麟颇感力不从心，但自小以理学自律的他并没有一走了之，而是咬牙为了国家大计在官场上苦苦支撑。

　　南宋之后，王应麟到远方隐居起来，不愿复出。虽然自身安然无恙，但山河破灭使王应麟痛心，他写文章时甚至只写甲子不写年号，用以怀念南宋。

　　在默默无闻的隐居时光里，闲逸的生活慢慢冲淡了王应麟心头的

为学者 必有初 小学终 至四书
论语者 二十篇 群弟子 记善言
孟子者 七篇止 讲道德 说仁义
作大学 乃曾子 自修齐 至平治
诗书易 礼春秋 号六经 当讲求
有连山 有归藏 有周易 三易详
有典谟 有训诰 有誓命 书之奥
我周公 作周礼 著六官 存治体
大小戴 注礼记 述圣言 礼乐备
曰国风 曰雅颂 号四诗 当讽咏
诗既亡 春秋作 寓褒贬 别善恶
三传者 有公羊 有左氏 有谷梁
经既明 方读子 撮其要 记其事
五子者 有荀扬 文中子 及老庄
经子通 读诸史 考世系 知终始
自羲农 至黄帝 号三皇 居上世
唐有虞 号二帝 相揖逊 称盛世
夏有禹 商有汤 周文武 称三王
夏传子 家天下 四百载 迁夏社
汤伐夏 国号商 六百载 至纣亡
周武王 始诛纣 八百载 最长久
始春秋 终战国 五霸强 七雄出
高祖兴 汉业建 至孝平 王莽篡
莹八岁 能咏诗 泌七岁 能赋棋
彼颖悟 人称奇 尔幼学 当效之
蔡文姬 能辨琴 谢道韫 能咏吟
彼女子 且聪敏 尔男子 当自警
唐刘晏 方七岁 举神童 作正字
彼虽幼 身已仕 尔幼学 勉而致
犬守夜 鸡司晨 苟不学 曷为人
蚕吐丝 蜂酿蜜 人不学 不如物
幼而学 壮而行 上致君 下泽民
扬名声 显父母 光于前 裕于后
人遗子 金满籯 我教子 惟一经
勤有功 戏无益 戒之哉 宜勉力

惆怅，但他胸中始终有一股郁结之气，硬硬地哽得他喉头难受，让他在无数个夜晚辗转反侧，难以入眠。

到底是在惦记什么呢？王应麟自己也搞不清楚。等他将近古稀之年，自觉时日无多的时候才猛然醒悟，自己实在是不甘心啊！

回想一生，从昔日的毛头小子再到踌躇满志的年轻县官，甚至再到后来的礼部尚书，自己哪一刻不是想着能以学识改变天下黎民的命运，让国家昌盛呢？

彼时虽有小人为伍，却也有君子在侧，总有一份希望值得去拼搏。可惜后来江山破灭，故国不在，自己的一腔壮志也彻底无处抒发了。

王应麟有些后悔，又有些愤懑。眼看自己的年岁渐渐增大，想着再出去闯荡一番是不可能了，不免唏嘘长叹。

人之初 性本善 性相近 習相遠
苟不教 性乃遷 教之道 貴以專
昔孟母 擇鄰處 子不學 斷機杼
竇燕山 有義方 教五子 名俱揚
養不教 父之過 教不嚴 師之惰
子不學 非所宜 幼不學 老何為
玉不琢 不成器 人不學 不知義
為人子 方少時 親師友 習禮儀
香九齡 能溫席 孝於親 所當執
融四歲 能讓梨 弟於長 宜先知
首孝悌 次見聞 知某數 識某文
一而十 十而百 百而千 千而萬
三才者 天地人 三光者 日月星
曰春夏 曰秋冬 此四時 運不窮
曰南北 曰西東 此四方 應乎中
曰水火 木金土 此五行 本乎數
十干者 甲至癸 十二支 子至亥
曰黃道 日所躔 曰赤道 當中權 赤道下 溫暖極 我中華 在東北
曰江河 曰淮濟 此四瀆 水之紀
曰士農 曰工商 此四民 國之良
地所生 有草木 此植物 遍水陸
有蟲魚 有鳥獸 此動物 能飛走
稻粱菽 麥黍稷 此六穀 人所食
馬牛羊 雞犬豕 此六畜 人所飼
曰喜怒 曰哀懼 愛惡欲 七情具
青赤黃 及黑白 此五色 目所識
酸苦甘 及辛鹹 此五味 口所含
膻焦香 及腥朽 此五臭 鼻所嗅
匏土革 木石金 與絲竹 乃八音
曰平上 曰去入 此四聲 宜調協
高曾祖 父而身 身而子 子而孫 自子孫 至玄曾 乃九族 人之倫
父子恩 夫婦從 兄則友 弟則恭 長幼序 友與朋 君則敬 臣則忠

　　王应麟看见了在宅院里嬉闹的孙子孙女，心想，既然"平天下"的志愿已然无望，但至少要把自己的一生所学所想简要地整理出来，留下些东西给自己的后人。如果子孙中能有人从中获益，一生不改君子豪气，他日在黄泉下，自己也就能瞑目了。

　　王应麟收起了几案摊开的本本著作，准备下笔。写什么呢？他抬手挠挠头，不小心把墨水甩到了脸上。他的一个孙女看见爷爷满脸墨汁，捂着肚子笑翻了天。

　　孙女银铃般的笑声，使王应麟回忆起了幼时伙伴们唱歌谣的情景，那时候，自己和妹妹也是这么爱玩爱闹，唱着歌诀跑来跑去。这时，他的脑海灵光突现：对，就把这些写成三字歌诀吧！

　　王应麟毕竟是通古博今的大儒，博学多才，对经史子集、天文地

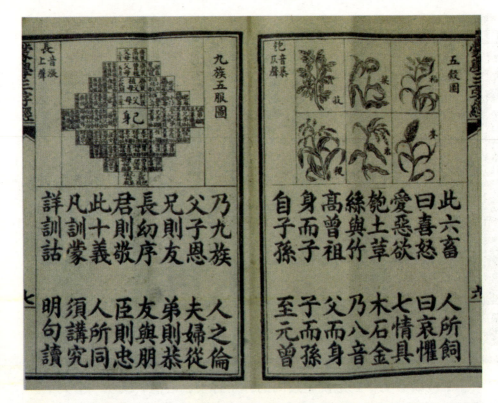

理，都有非常深入的研究。举重若轻的大家手笔写出的这部"三字歌诀"，当然是非同凡响的。

后来，这本融会了我国文化精粹的"三字歌诀"，就成了后人所说的蒙学传世经典《三字经》。

《三字经》的内容非常丰富，涉及历史知识、天文地理、社会生活等各个方面。时人觉得该书内容很好，纷纷翻印，因此广为流传，历久不衰。

比如"曰春夏，曰秋冬，此四时，运不穷"和"曰南北，曰西东，此四方，应乎中"，是说明季节和方位的；"曰喜怒，曰哀惧，爱恶欲，七情俱"，是说人具有七情六欲等情绪体验和心理意识；"有虫鱼，有鸟兽，此动物，能飞走"，概括说明了动物的种类和特征，不用多解释，幼儿一看就能明白其中的内容。这些贴近幼儿生活的知识，对幼儿的熏陶是显而易见的。

《三字经》三字一句，两字一韵，不禁使人读起来朗朗上口。它像一首诗一样，背诵起来如同唱儿歌，用来教育子女琅琅上口十分有趣，又能启迪心智。

《三字经》短小的篇幅，蕴含着许多深刻的道理，脍炙人口、广为流传。

比如"人之初，性本善，性相近，习相远。"是说每个人出生的时候，天性都是善良的，但长大了以后，受环境的影响，习性就会不一样。这句话说对儿童的教育非常重要，后天教育得好，方法正确，就可以使儿童成为有用之材，反之，就会有不好的结果。

再如"昔孟母，择邻处，子不学，断机杼。"这就是著名的"孟母三迁""孟母断织"的故事。一迁，是因孟家附近是坟场，孟子就学人做丧事；二迁，是因邻居是肉商，他就学人卖肉；三迁，迁到了学

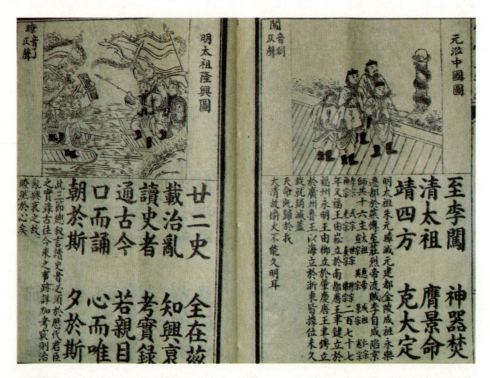

校附近，孟子上学了，那里人文环境良好，孟母很满意，认为这才是能够教育好孩子的地方。

有一日，孟子逃学回来，孟母一气之下把已织到一半的布剪断，说："你现在这样，就和我剪断这匹布一样，前功尽弃。"孟子听从了母亲的教诲，从此以后，发奋读书，终于成为一名伟大的思想家、教育家，与孔子合称"孔孟"。

《三字经》中，类似这样有趣又有意义的故事还有很多很多，可以说每12个字就是一个故事，虽然字数不多，但其中都包含着深刻的道理和无穷的哲理，是一本值得所有孩子一读再读的好书，也是可以相伴孩子们左右的良师益友。

从明代开始，《三字经》不仅在国内流传，更踏上异国他乡，是国际影响最大的蒙学读物。

世界上最早的《三字经》翻译本是拉丁文，这个首功当属意大利人利玛窦的老师罗明坚。利玛窦是位首开中意文化交流之先河的使者，但是他的老师罗明坚却鲜为人知。当年就是这位罗明坚带着利玛窦来到我国，并指点他学习我国文化。

罗明坚是历史上第一位研究汉学的欧洲人，早在1579年，他就来到澳门学习中文，他首先接触的就是《三字经》。

这本讲述道德培养和学习精神及涵括文史的"小书"让他很快就进入传统儒家文化的领地，他深感这本《三字经》的文化价值和对西方文化界的启发作用，于是他从1581年就开始着手翻译，并将译文寄回意大利，他在附信中还写道"时间仓促，拉丁文译文也很不通顺"。虽然此书当时没发表，但历史仍清晰记录下他的这份不凡辛劳和开创之功。

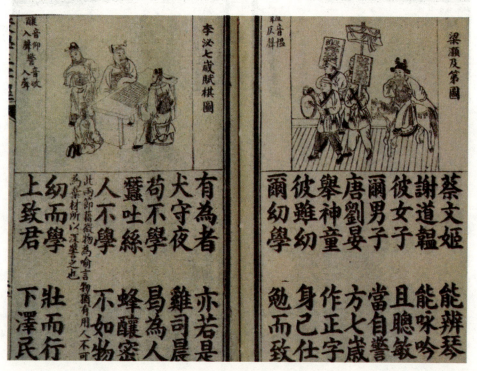

　　正是这位自称是"我们已被视为中国人"的意大利学者，更将《四书》《大学》翻译为拉丁语，成为当时欧洲贵族学习东方文化的珍贵资料。

　　王应麟当然没想到，自己这本启蒙书，在200多年后，竟由一位素不相识的意大利人翻译为"番文"，漂洋过海，来到"番邦"，还成为这些洋人认识"中国文化"的入门必备书。

　　在意大利人一字一句地朗读《三字经》那会儿，俄罗斯人也开始与这本小书不期而遇，他们意想不到的是，这本小书竟在日后的俄罗斯历史上产生了不可低估的文化作用，并成为大诗人普希金钟爱的"中国读物"。

　　1727年，沙俄政府派遣一批人士到我国学习儒家文化，来到这片

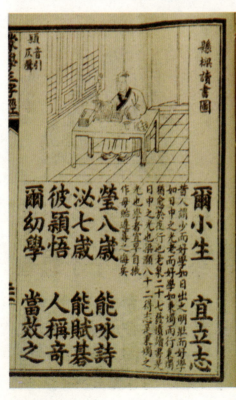

神奇的东方土地后，他们首先要研读的就是这本薄不起眼的《三字经》。这本字仅一千、涵括万物的神奇小书，令本来有点傲慢的欧洲人渐生好奇，而其中默不知名的一位学生罗索兴更埋头将它翻译为俄文，后竟入选培训教材，成为当时文化界的流行读物。

1779年，彼得堡帝俄科学院又公开出版了列昂节夫翻译的《三字经及名贤集合刊本》，因其内容与当时女皇叶卡捷林娜二世推行的讲求秩序的"开明专制"等政治策略不谋而合，政府遂正式"推荐给俄国公众"使其走向民间。

不过，真正令《三字经》深入俄国民心的是"俄国汉学之父"俾丘林。他曾在北京生活14年，深谙经史，更明晓《三字经》的文化内涵和社会影响，他在1829年推出《汉俄对照三字经》。此书甫一推出，果然立即受到社会各界的高度关注。

俄国教育界在当时也正好在讨论儿童教育问题，《三字经》中

"孟母三迁"等典型例子，让这些满口高雅法语的贵族们惊讶于早在2000年前这个毗邻大国的一位母亲早就探索出一种有效的教育方法，于是，《三字经》成为"俄国人阅读中文翻译本的指南"，并成为当时社会流行读物。

此外，其他众多不同国家如英国、美国、法国的汉学权威在介绍我国传统经典时，大多都将《三字经》与《论语》《孟子》等儒家圣人经典并列推介。他们这种出自非功利色彩的选择，正好道出《三字经》不可小觑的文化意义。所有这些，都折射出《三字经》所蕴含的令人无法绕开或轻视的文化分量。

经过数百年的流传，《三字经》从乡间走向宫廷内外、走向世界各地，其间的曲折历史和历代学者的心血与贡献可谓纸书难尽。

总之，《三字经》作为儿童启蒙经典，是中华民族五千年历史的缩影，其内容涵盖量非常丰富、全面。《三字经》能让世界了解我国的历史文化，它对世界文化的贡献可谓垂裕千秋，造福后代。

知识点滴

关于《三字经》的作者王应麟，有的说他是开封府人士，也有说他是顺德人士，众说纷纭。研究《三字经》，不得不关注王应麟和区适子这两个人。

区适子是广东顺德人。据宋史载：区适子，宋末县境鮀洲人，以博学多才闻名乡里，人称"登洲先生"。这一点不存在争议。他和王应麟几乎是同一时代的人，但区适子是不是王应麟，或许他们所撰写的是不同版本的《三字经》，或者说《三字经》是王应麟和区适子合著的，这一点尚待考订。

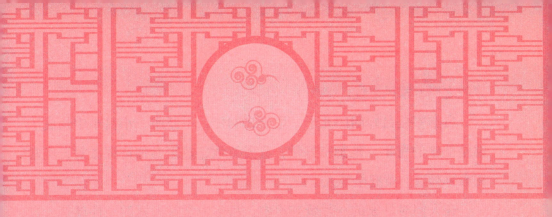

道德教化的《童蒙训》

北宋时期的1089年，宰相吕公著逝世，封申国公，谥正献。吕公著执政刚毅严谨、德高望重，因此，所有的朝廷高官，包括宣仁高太后和宋哲宗，都来出席葬礼。

这时，5岁的孙子吕本中聪明伶俐，一直深受爷爷喜爱，站在遗像前大哭不止。宣仁高太后拍拍小孩的肩膀，抚摸着他的头，叹道："孝于亲，忠于君。孩子，你努力学习，男儿当自强，加勉吧！"

小吕本中似懂非懂地看着太后，使劲点点头，用小手抹去眼泪，渐渐收住了哭声。

吕家是北宋著名的官宦之家，人才辈出，从中书郎吕公著开始，随后的兵部员外郎吕希哲和东莱郡侯吕好问，都是子承父业式的辉煌。可想而知他们的家教之严，家风之优。

吕本中是吕好问的儿子，生于1084年。一眨眼，小吕本中长成了温情儒雅的青年。他勤奋好学，喜爱诗歌，热衷参加诗词派对，经常跟着陈师道、黄庭坚等人学诗。

在人们对吕家的一片赞誉声中，吕本中常常思索的一件事是，自己的家族中为什么能够连续四代都有才人出。他想到自己的童年以及父亲、祖父和曾祖父的事迹，有一种恍然大悟的感觉，领悟到了长辈们用心良苦的教诲。显然，这是因为这些人才自幼就都受到了良好的教化。

为了颂扬祖辈长处，使祖宗的德业能流芳千古，也是为了勉励自己的后代，吕本中根据自己的亲身经历和体会开始编写《童蒙训》。

由于家族里最注重的就是孝道，因此在《童蒙训》中宣扬的也是孝道等儒家提倡的正统思想，凡涉及颂扬其祖辈长处的有关人物的点滴事件及言论都加以汇集。

吕本中的《童蒙训》是一部侧重伦理道德教化的童蒙课本。该书采用语录体，内容以作者所见所闻为主，且具有浓厚的理学色彩。

《童蒙训》书中所颂扬的，正如研究古典文献的工具书《四库全书·总目提要》所说：

所记多正论格言，大抵皆根本经训。

吕本中详细地分析了儒家各个学派的书籍以及每位儒学大师的影

响，他认为当以《孝经》《论语》《中庸》《大学》《孟子》为本，熟味详究，然后通求之《诗》《书》《易》《春秋》，必有所得。

在写《童蒙训》的时候，吕本中想起了他幼小的时侯，父亲给自己讲过的一个东晋书法家王献之的故事。这个故事在晋国史书《晋书》上也有记载：

东晋书法家王献之曾和自己的弟兄王徽之、王操之一起去拜访当时的宰相谢安。王徽之和王操之和谢安谈的都是生活琐事，但王献之只是简单地寒暄了一下。

等他们离去后，有人问谢安说：“他们三兄弟之中哪个最出色呢？”谢安回答说：“年纪最小的那个王献之不错。”对方又问："您是怎么看出来的呢？"谢安说：“自古以来贤人们说起话来没有喋喋不休的，而三兄弟中只有王献之话最少。”

还有一次，王献之和哥哥王徽之一起在一个房间里，房子突然失火了。王徽之吓得连鞋都来不及穿就冲出门去，但王献之却是神色自若地由仆人搀扶着走出来了。世人们由此分辨出了谁才是真名士。

又有一次，王献之的家中深夜遭遇盗贼。在那群小偷把家中财物扫荡一空，想扬长而去时，王献之在卧室里不急不缓地说："盗贼们，那个青毡是我家的旧物，你们还是给我留下吧。"小偷们没见过如此淡定的人，都被吓跑了。

这个故事使吕本中相信，人的自我修养不仅能从语言上表现出来，在危急时刻也能保持本色，风度翩翩。由此，他在《童蒙训》中写道：

后辈刚开始学习时，一定要领会并练就一副必要的精神气质。精神气质好时，什么事都能独当一面。精神气质通过人的言辞、容颜和举止及处事的轻重缓急之中充分地显现出来。不仅君子与小人能根据这个划分，人的贵贱和寿命长短也都与这个有关。

精神气质是一种气象，它是一种自然蒸发在眉宇间的文化修养，具有一种处变不惊、随机应变的品节和气度。读书到了一定的境界时，自然而然就会形成一种高雅圣贤的气象，这种气象来自于书香墨气。

书香墨气是指中华传统文化所独有的圣贤之学，它探讨为人处世的基本原则和实践的途径，被古人认为是比功名利禄还要关键的安身立命之本，所以后人也应懂得好的气质和习惯应该从小培养和磨炼，这样方可稳固坚定下来，日后有所建树。

吕本中著成《童蒙训》，担得起当年高太后"孝于亲，忠于君"的嘱咐。

《童蒙训》在流传过程中，其中论说为官处事的内容被剥离了出来，编成了《官箴》。论说诗文的内容被删削，大多散逸在各种诗话文献中，当代语言学家、文学家、文学批评史家郭绍虞将其收集，编成《童蒙诗训》。论修身治学的内容被保留下来，成了《童蒙训》的内容。

《官箴》和《童蒙训》在宋、元、明、清各代都广为流传。原本《童蒙训》包含的文化价值是多方面的，主要反映了治学的内容、态度、方法和途径，须培养的思想品行和懂得的待人接物的礼节，学作诗写文章的步骤、方法和学习的典范及对历代诗文的评论，为官处事的态度和原则。

今传《童蒙训》源于南宋刻本，已非旧貌。主要讲述了尽孝、明礼、诚信、风节、仁慈、谨慎、庄重、勤劳等方面的道德要求。

知识点滴

《童蒙训》作者吕本中是北宋时期的诗人，他经常跟着陈师道、黄庭坚等人学诗。有一次，他与朋友喝酒作诗，酒酣耳热之际，搞了一幅名为《江西诗社宗派图》的戏作，因黄庭坚、陈师道等25人之诗其源流皆出江西，故戏称之为"江西诗派"。这是我国文学史上第一次以地域来划分派系，对后世影响深远。

有趣的是，吕本中是开封人，当时并没有将自己列入"江西诗派"，但后人却因他提出了"江西诗派"这个名称，都视其为"江西派诗人"。

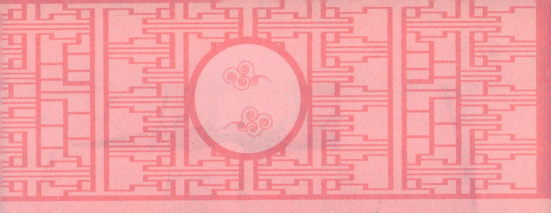

包罗万象的《幼学琼林》

　　明代末年，一位叫程登吉的人写了一本叫《幼学须知》的书，又称《成语考》《故事寻源》，用来给自己的孩子做启蒙读物。

　　后来，这本书流传了出去，清代嘉庆年间的学者邹圣脉给《幼学须知》作了一些补充，并更名为《幼学琼林》，也叫《幼学故事琼林》。

　　《幼学琼林》是骈体文写成的，共分为33类，文体全部用对偶句写成，容易诵读，便于记忆。我国一直流传一句话：

读了《增广》会说话，

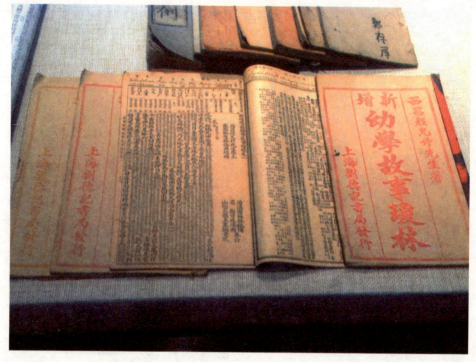

读了《幼学》走天下。

"《增广》"指的是明代编写的儿童启蒙书目《增广贤文》，又名《昔时贤文》《古今贤文》。《幼学》指的就是《幼学琼林》。

在《幼学琼林》中，对许多的成语出处作了介绍，因此可以让人掌握不少成语典故，此外还可以了解我国古代的著名人物、天文地理、典章制度、风俗礼仪、生老病死、婚丧嫁娶、鸟兽花木、朝廷文武、饮食器用、宫室珍宝、文事科第、释道鬼神等诸多方面的内容。《幼学琼林》中还有许多警句、格言，有的至今仍然传诵不绝。

《幼学琼林》对天地的起源和天体的运行做了一番描述：

混沌初开，乾坤始奠。气之轻清上浮者为天，气之重浊下凝者为地。日月五星，谓之七政；天地与人，谓之三才。

日为众阳之宗，月乃太阴之象。虹名螮蝀，乃天地之淫气；月里蟾蜍，是月魄之精光。

意思是说，混沌的宇宙，元气一经开辟，天地阴阳便有了定位。元气向上浮升而形成了天，厚重混浊的部分凝结在下面便形成了地。太阳、月亮及金、木、水、火、土五星并称为七政。天、地和人合称为三才。

太阳是众多阳气的宗主，月亮是太阴的精华象征。长虹又称为螮蝀，是天地之气交汇浸淫而形成的；月宫里的蟾蜍，是月亮的精华所凝聚而成的。

在《幼学琼林》"地舆"的章节里，也对各地区的划分做了简单

的介绍：

　　　　黄帝画野，始分都邑；夏禹治水，初奠山川。宇宙之江山不改，古今之称谓各殊。北京原属幽燕，金台是其异号；南京原为建业，金陵又是别名。

　　　　浙江是武林之区，原为越国；江西是豫章之郡，又曰吴皋。福建省属闽中，湖广地名三楚。东鲁西鲁，即山东山西之分；东粤西粤，乃广东广西之域。

　　意思是说，黄帝划分了我国的疆域，才有了都邑的界限，夏禹平治了洪水，才奠定了山川的位置。天地间的山川河脉虽然不曾更改，自古以来它们的称呼却各有不同。北京古时称幽州或称燕国，别名又叫金台；南京就是建业，别名又叫金陵。

浙江从前称为武林，本是越王的故国；豫章、吴皋都是旧时江西的称呼。福建一省古时统称七闽，湖广地方旧名叫作三楚；东鲁、西鲁就是山东、山西的旧名，东粤、西粤即为广东、广西。

除了天文地理之外，《幼学琼林》还以历代的圣人举例打趣，劝导人要爱惜自己的面容，隐喻了"相由心生"的道理：

百体皆血肉之躯，五官有贵贱之别。尧眉分八彩，舜目有重瞳。耳有三漏，大禹之奇形；臂有四肘，成汤之异体。

文王龙颜而虎眉，汉高斗胸而隆准。孔圣之顶若圩，文王之胸四乳。周公反握，作兴周之相；重耳骈胁，为霸晋之君。

此皆古圣之英姿，不凡之贵品。

意思是说，身体的各种器官都是由血肉组成的，从人的五官上就可以看出贵贱之别。相传尧的眉毛分为八种色彩，舜的眼中有两颗瞳仁。耳朵上有3个耳孔，这是大禹令人称奇之处；胳膊上有四个关节，这是成汤与众不同之处。

周文王有像龙颜一样的额头和虎眉一样的眉毛，汉高祖有像斗一样的胸膛和高高的鼻梁。孔子的头像"圩"一样呈凹形，周文王的胸有四乳。周公的手掌柔软，可以反掌握住手腕，后来成为振兴周的国相；重耳的肋骨连接在一起，最后成为晋国的君主，称霸天下。这些都是古代圣贤的英姿、超凡脱俗的品相。

《幼学琼林》对师生和求学之事也做了一番详细描述：

马融设绛帐，前授生徒，后列女乐；孔子居杏坛，贤人七十，弟子三千。称教馆曰设帐，又曰振铎；谦教馆曰糊口，又曰舌耕。

师曰西宾，师席曰函丈；学曰家塾，学俸曰束脩。桃李在公门，称人弟子之多；苜蓿长阑干，奉师饮食之薄。冰生于水而寒于水，比学生过于先生；青出于蓝而胜于蓝，谓弟子优于师傅。

意思是说，东汉的马融设帐授徒，前面教导弟子，后面却有女乐为伴；孔子在杏坛讲学，先后培养了3000多弟子，其中最著名的有72人。形容别人设立教馆讲学叫作"设帐"，又叫"振铎"；谦称自己设立教馆讲学叫作"糊口"，又叫"舌耕"。

　　家塾教师叫作"西宾"，塾师的坐席叫作"函丈"；在家里教学叫作"家塾"，给塾师的学费叫作"束脩"。"桃李在公门"，是形容教的学生多，硕果累累；"苜蓿长阑干"，是形容塾师的俸禄少，饮食很差。"冰生于水而寒于水"，是用来形容学生强过先生；"青出于蓝而胜于蓝"，是用来形容弟子强过师傅。

　　《幼学琼林》中的一句"毛义捧檄，为亲之存；伯俞泣杖，因母之老"也是有典故的。

　　"毛义捧檄，为亲之存"说的是：东汉末庐江有个叫毛义的人，他自幼丧父，母子相依为命。毛义家境贫寒，年少时以为他人放牧为生，箪食瓢饮，奉养其母。母亲病时伺候汤药，还曾为母亲割股疗疾，以孝行称著乡里，被举为贤良。

　　朝廷听说了毛义的事迹后，就送来檄文赏封他为安阳县令。毛义本人并不想做官，但是为了安慰母亲，便迎至"临仙桥"喜接檄文。

时隔不久，毛义的母亲病逝了，朝廷听说后又派来奴仆和专车前来看望，但是毛义说："当时我接受檄文只是为了让母亲高兴，如今母亲不在了，我还是回归自由身吧。"然后，毛义就跪拜在当初接受檄文的临仙桥上，将原赏封的檄文双手捧还了。

"伯俞泣杖，因母之老"说的是：汉代梁州有个叫韩伯俞的人，他生性孝顺，能先意承志，所以深得母亲欢心。只是母亲对他十分严厉，尽管对他非常疼爱，但是偶尔也会因他做错事而发火，用手杖打他。

每当这时，韩伯俞就会低头跪拜在地等着挨打，不加分辩也不哭。直等母亲打完了，气也消了，他才和颜悦色地低声向母亲谢罪，母亲也就转怒为喜了。

到了后来，母亲又因故生气，举杖打他，但是由于年高体弱，打在身上一点也不重，韩伯俞忽然哭了起来。母亲感到十分奇怪，问他："以前打你时，你总是不言声，也未曾哭泣。怎么这次哭得这么

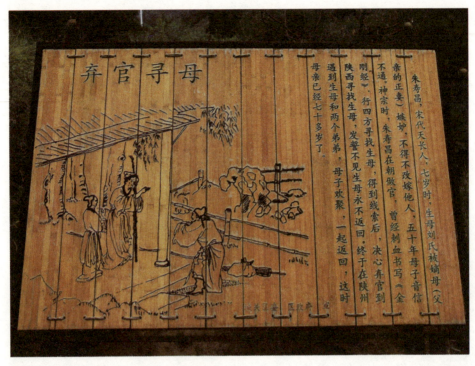

厉害，难道是因为我打得太疼吗？"

伯俞忙说："不是不是，以前挨打时，虽然感到很疼，但是因为知道您身体康健，我心中庆幸以后母亲疼爱我的日子还很长，可以常承欢膝下。可是今天母亲打我，一点儿也不觉得疼，足见母亲已筋力衰迈，所以心里悲哀，才情不自禁地哭泣。"类似这样的典故，都是非常感人的。

《幼学琼林》这本蒙学教材是除了"三百千"外影响较大的一种。历史证明，《幼学琼林》对语文学习尤其是写作客观上起到了极大的促进作用，这来源于《幼学琼林》百科全书式的知识类编，又因为多用成语，几乎相当于一部可读性很强的成语典故小词典，其释词精要，取譬得当，解析浅近，都令人赞佩。内容上大致归类，便于检索，具有类书的功能。

知识类编的特点使得这本蒙学教材在语文积累上具有积极的意义。积累，分为常识积累和词语积累，《幼学琼林》在这两方面都有充分的体现，并能将两者有机统一起来。

如在常识方面，有天文、地理、岁时等，学生可以分门别类地学习这些方面的常识，与此同时也积累了与之相关的词语，可以说做到了工具性与人文性的统一。通过这样的有机结合，形成了极其丰富而极具特色的自然节气知识，这些知识可以解答儿童眼中的自然现象，使之能理解事物的本源。

如对于"晦""朔""望"3个词分别指的是农历每月"三十""初一""十五"3天，单个地去识记不容易记住，但将之与月之圆缺相联系，就形象道出其中命名的由来，使得儿童在常识的学习中又积累了数量相当的词语。这种百科全书式的知识教学，是《幼学琼林》的一大特点，也是蒙学教材的特点。

《幼学琼林》的类书功能提供了儿童词语学习的好办法。这种主题式的教材编写，在客观上具有类书的价值和功能。如果考究一下《幼学琼林》的编撰体例和主旨，不难发现它的源头可以上溯到《大学》。明代解释演绎《大学》书的有邱浚的《大学衍义》和

湛若水的《格物通》，其编纂的体例与这本《幼学琼林》非常相似，可以说它们是一脉相承。

《幼学琼林》针对的对象是儿童，考虑儿童的心理和知识程度，用语更为浅近通俗。

《幼学琼林》内容广博、包罗万象，是我国古代蒙学中影响最大、编得最好的读本，堪称我国古代的一部百科全书。

知识点滴

在《幼学琼林》里面，有一些关于我国道学家和佛学家的事迹记录："如来释迦，即是牟尼，原系成佛之祖；老聃李耳，即是道君，乃为道教之宗。鹫岭、祇园，皆属佛国；交梨、火枣，尽是仙丹。沙门称释，始于晋道安；中国有佛，始于汉明帝。"

如来佛就是释迦牟尼，本是佛教的始祖；谥号为"聃"的李耳就是老子，后来被尊为道教的始祖。"灵鹫山"和"祇园"都是佛祖说法的地方，属于佛国；"交梨""火枣"全都是道家服用的仙丹。和尚和僧侣开始以"释"为姓，源于东晋僧人道安；我国有佛教开始于东汉明帝。

儿童生活的《童蒙须知》

　　南宋理学大师朱熹十分关注孩童的教育问题。他发现当时没有一本典籍是关于教化孩子的，觉得如果一个人在幼时就没有得到良好的教育，知道有所为有所不为的道理，那以后还怎么成才呢？于是，就写出了一本童蒙教化的著作，起名为《童蒙须知》。

　　《童蒙须知》分衣服冠履、言语步趋、洒扫涓洁、读书楷子、杂细事宜等目，对儿童生活起居、学习、道德行为礼节等均作了详细规定。对此，朱熹说：

　　夫童蒙之学，始于衣服冠履，次及言语步趋，次及洒扫涓洁，次

及读书写文字，及有杂细事宜。皆所当知。今逐目条列，名曰童蒙须知。若其修身、治心、事亲、接物、与夫穷理尽性之要，自有圣贤典训，昭然可考。当次第晓达，兹不复详著云。

朱熹认为，即使是一个小孩子，也不能衣冠不整，否则长大了也不会形成好的习惯，在外则会被笑话父母没有好家教。在书中，朱熹严格地对古代孩童的标准装束作了详细的规定：

对一个人来说，身体外表的端正清洁是最重要的。自冠巾、衣服、鞋袜都需要细心爱护，令它们洁净整齐。我家的先人常常告诫我们说，男子的装束有三紧，也就是头紧、腰紧、脚紧。

头，指的就是头巾。对未成年还没有加冠的男孩来说，则是发髻总角。腰，指的就是束腰的带子，脚则指的是鞋袜。

身上的这三处装束一定要细心穿戴好，不能懈怠宽慢，连穿衣服都太过随意的人行为也会放浪形骸，会被人看轻的。每次着装之后都要对自己检查一番，提整襟领，整理两衽和纽带，不要有遗漏。

穿戴整齐只是第一步，然后就是要保持衣服的洁净：在吃饭喝水的时候也要留心衣服，不要让它有污迹和损坏。行走的时候也要小心不要让它溅上污渍或者被破坏。脱掉衣服的时候，要把它整齐折叠后放在衣箱之中。

如果不把衣服随意乱丢乱放，衣服就不会染上灰尘和脏污，还能容易找到不会丢失。衣服穿久了自然会脏，所以衣物要勤洗，把破的地方缝补上。即使全是补丁也没关系，整体干净最重要。

在洗脸的时候，要找毛巾遮住衣领并卷起两袖，不要把它们弄湿了。如果要劳作，就把宽袍大袖的衣服收起来换上短一些的便装，但仍然要爱护衣服，小心别弄脏。

白天穿的衣服，到了晚上睡觉时要换下来，这样衣服才不会生虫子，不会被弄坏。如果照这样做的话，不仅人看着有精神，衣服保存得也很好。

晏子的狐裘能一穿30年，虽然也有他节俭困顿的原因在里面，但是也说明他对衣服爱惜有道啊。这才是最重要的。

儒家一向讲究尊师重道，先圣孔子曾说过："三人行，必有我师焉。"但幼小的孩童可能还不知尊师重道的重要性，朱熹就把这一点化成了简易的几句叮嘱：

凡为人子弟，须是常低声下气，语言详缓，不可高言喧闹，浮言戏笑。父兄长上有所教督，但当低首听受，不可妄大议论。长上检责，或有过误，不可便自分解，姑且隐默。久，却徐徐细意条陈云，此事恐是如此，向者当是偶尔遗忘。

　　既然做了别人的弟子，说话语气就要和缓谦逊，吐字清晰，不要高声吵闹喧哗嬉笑。当接受父亲或兄长等长辈的教育时，要低头恭敬听取，不能狂妄地顶嘴分辩。

　　即使长辈教训你的地方有不对的，也不要一味争辩，还是先忍下来。等过一段时间，再细细把当时的事情对长辈讲清楚，说这件事其实是另一个样子的，前些时候忘记告诉您了。

　　对于儿童的学习，朱熹在《童蒙须知》里说：

　　凡读书，须整顿几案。令洁净端正。将书册整齐顿放。正身体，对书册，详缓看字，子细分明读之。

　　须要读得字字响亮。不可误一字。不可少一字。不可多一字。不可倒一字。

朱熹要求人在学习时要整理好书桌，坐姿端正，书写也要认真，这些细小的方面都体现了朱熹对于教育的重视程度。

事实上，朱熹本人是个对自己要求十分严格的人，很多生活习惯都是在年少时养成的。

朱熹在平日家居的时候，每天天色还没有亮，就起来了，穿好衣裳相连的制服，戴了幞头，着了方头鞋子，到家庙里和先圣神位前去跪拜。

行了礼以后，退回到书房里，几案必定摆得很正，一切书籍器用，必定整整齐齐的。有时候疲倦了休息，就闭着眼睛端端正正地坐着，休息完了起来，就慢慢地向前走。他的威仪和容貌举止的法则，

从少年时一直到老始终没有放弃。

作为我国古代最负盛名的教育家，朱熹的一系列教育理论和他所著的蒙学教育著作《童蒙须知》，对后世来说，都有着十分重要的教育意义。

朱熹有一次来到永春走访书友，一日来到蓬壶，但见山川幽胜，即向乡老索纸笔，题字以赠。乡老争相传诵圣人留下金字，即以楠木作匾，镌之以作永远纪念。

清代康熙年间，永春知县骆起明下乡劝农来到蓬壶，将朱熹题字的楠木匾重金收藏。有一次过乌龙江时风浪大作，轻舟有覆舟之险，同舟之人认为是妖邪作祟，需宝物压邪，急以楠木匾掷之江中，说来也怪，一时风平浪静，众人誉朱熹显灵。传说归传说，它表明人们对朱熹的敬仰之情。

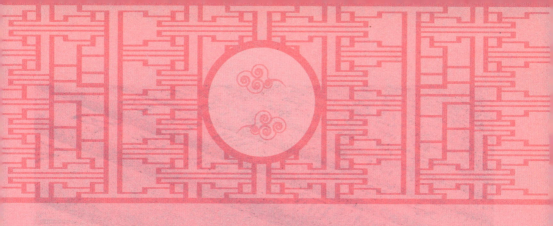

行为规范的《弟子规》

那是在清代顺治年间的1647年，山西新绛的一个山村里，李家一个名叫李毓秀的孩子出生了。李毓秀从小并没有展示出多么过人的天资，人生经历也很普通，但他最大的特点就是性情温和豁达。

李毓秀年轻时师从同乡学者党冰壑，游学近20年。科举不中后，就放弃了仕进之途，终身为秀才，开始致力于研究学说。在研究了不久之后，他慢慢对《大学》和《中庸》产生了不小的兴趣，决定仔细钻研。

后来，李毓秀想把自己所知的心得和学术上的成果惠及各方，就创办

了敦复斋讲学。当时的人也有讥讽他的，但是李毓秀毫不在意。在他看来，自己并不是什么所谓学术大家，也不是要博取美名，办学堂只是自己的想法罢了。

李毓秀平和的心态和毫不矫揉造作的讲学风格吸引了很多人，再加上他对儒家的学说钻研得深，又有准备科考的学术底子，因此也能出口成章，语言风格平易近人。渐渐地，来听他的课的人越来越多，路过李毓秀家或学堂门口的人，都会看见地上有密密麻麻的脚印。

想讲学就不能没有教材。李毓秀同样认为《大学》这种典籍不适合理解，尤其是不适合小孩子理解。如果只会背诵其中的句子而不解其意，就和不会没什么两样了。

在这个想法的推动下，也结合他自己的教书实践，李毓秀写了《训蒙文》，后来经过贾存仁的修改订正，改名为《弟子规》。

也许连李毓秀自己也没想到，自己和朋友的一个举手之劳，一本为了成全讲学而编出的教材，居然成了传世的教化之书。

《弟子规》吸引人的地方也是李毓秀本人的性格魅力所在。李毓秀是个乐观豁达的人，基本上对于什么事都想得开。在他的意识里，考不上功名就回家呗；想讲学的话，那就开个学堂好了；没有教材，自己写一本不就好了。这种随性又亲切的处事风格也被李毓秀带进了《弟子规》里。

《弟子规》除了宣扬儒家传统美德之外，还引用了大量典故和民间故事举例，没有以往典籍相对普通百姓的生硬和晦涩，因此十分受欢迎，流传得很快。

比如，《弟子规》里面讲勤学苦练的重要性时，就有一句"有余力则学文"，这讲的就是董遇善于利用时间，刻苦求学的故事。

根据三国时代记载魏国历史的史书《魏略·董遇传》的记载：三国时期的魏国，有一个人叫董遇。他自幼生活贫苦，性格木讷，却十分喜爱学习，无论条件多么艰苦也会抓紧时间看书，他哥哥耻笑他多

次，但董遇丝毫不受影响。

董遇对《老子》很有研究，后来，他的学问已经大到可以为《老子》作训注了。董遇对《春秋左氏传》也下过很深的功夫，根据研究心得，写成了《朱墨别异》。

由于董遇的名声越来越大，不久之后，有人来向董遇求学，但董遇却不教。他对那个人说："你先去把书读上百遍再说吧。读上那么多次之后，书中的道理就不言而喻了。"

来求学的人面露难色抱怨说："可是我没有时间读那么多次书啊。"

董遇反问他说："你利用'三余'的时间不就行了吗？"

那个人又问"三余"指的是什么，董遇回答说："三余指的是三种空余时间：冬天是一年之余，晚上是一天之余，雨天是平日之余。"

那人听了恍然大悟，原来求学之道就是要通过一切可以利用的时间来读书学习，以提高自己的水平。

《弟子规》里面也强调父母对孩子的教育作用，认为古今以来孩子大都贪玩，最重要的是要能在父母的合理监督下认真求学不松懈。因为世上本没有天生的圣人，而是一点一滴的坚持和改变造就了人们的生命轨迹。

《弟子规》引述了我国古代妇女学古籍《列女传》中记载的孟母断杼教子的故事。通过这个故事，李毓秀强调母亲教子的重要意义。

《弟子规》中的一句"冬则温夏则清"，指的是宣扬儒家思想及孝道的古籍《二十四孝》中的首位孝子黄香的事迹。

黄香家住云梦县城北，他9岁时，母亲不幸去世，家里非常贫寒，他对母亲十分怀念。安葬母亲后，黄香在母亲坟前盖了个草庐。黄香白天帮父亲劳作，夜晚在墓庐里一边守墓，一边挑灯夜读，这一守就是3年。

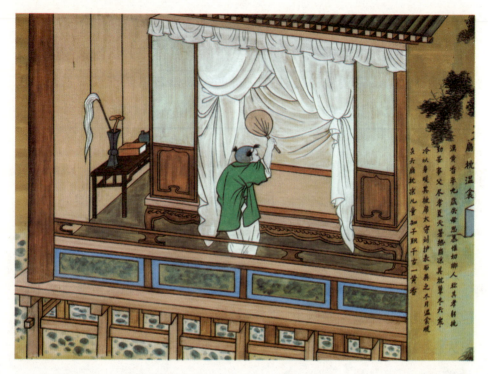

不仅如此，黄香对父亲格外孝敬。夏日炎炎，他为父亲摇扇驱蚊解暑，直到父亲入睡，方才回墓庐学习；严寒冬日，黄香总是先用自己的体温把被子焐热后，再请父亲入睡，唯恐父亲受凉。

《弟子规》中提到的《二十四孝》事迹不止这一个，"亲所好力为具"讲的是春秋时期郯国国君郯子以鹿乳奉亲的事情。

郯子是春秋时期人，十分孝顺。当时，郯子的父母年老，患眼疾，需饮鹿乳疗治。他便披鹿皮进入深山，钻进鹿群中，挤取鹿乳，供奉双亲。

在一次取乳时，猎人看到了郯子的装扮，以为是麋鹿，想射杀他。郯子急忙掀起鹿皮现身走出，将挤取鹿乳为双亲医病的实情告知猎人，免除了被误杀的危险。

从此，郯子的贤名不胫而走。人们慕名而来，纷纷拜郯子为师，学知识，学做人。有的人为了求学的方便，干脆就在这里住了下来。就连孔子也曾经来此住过一段时间，接受郯子的教诲。

人越聚越多，郯子的家乡由乡村变成了城镇，又由城镇变成了邦国，就称作郯国。当地的人们都一致推举郯子做了郯国的第一任国君。

《弟子规》中的"亲爱我，孝何难，亲憎我，孝方贤"，讲的则是晋代人王祥为了继母而卧冰求鲤的典故。

晋代的王祥在幼年时就失去了母亲。父亲又娶了继母，继母朱氏不喜欢王祥，经常在父亲面前说他的坏话，久而久之，连父亲也不喜欢他了。虽然失去了父母的宠爱，但是王祥仍然很孝敬自己的父母。

有一年冬天，继母病了，想吃新鲜的鲤鱼。当时天寒地冻，河面都结冰了，一般渔民都已经不出去捕鱼了。王祥为了捉到活鱼，竟然

脱掉衣服卧在冰上，希望能用体温化开河面的冰以后再捕鱼。

这时，冰忽然自行融解裂开一条缝，从里面跃出两条鲤鱼，王祥于是拿回去供母。王祥的孝行感动了继母，以后继母对他也就格外关心起来了。一家人的生活慢慢融洽和谐起来。

《弟子规》中说的"亲有过，谏使更，怡吾色，柔吾声"，指的也是《二十四孝》中的内容，是"芦衣顺母"这个典故。

周代时候有个孝子叫闵损，字子骞。闵子骞是孔子的学生。生他的母亲，早已过世了，他的父亲娶了一个后妻，生了两个儿子。那个后母很厌恶闵损，冬天的时候，给自己亲生的两个儿子做了棉絮做的衣裳，给闵损穿的衣裳却是只装着芦花的。

有一天，他的父亲叫闵子骞推车子出外。可是因为衣裳单薄，身体寒冷，一个不小心，不觉失掉了车上驾马引轴的皮带子。他的父亲起初以为儿子太粗心很生气，就手拿鞭子拍打他。鞭子把衣服

单衣顺母

闵损字子骞孔子
弟子早丧母父娶後
野生二子衣以棉絮
妒骞衣以蘆花父令
摄御車體寒失靷父
察知故欲出後母損
日母在一子寒母去
三子單母聞改悔
閔氏有賢郎
何曾怨晚孃
父前留母在
三子免風霜
　　盧士杰書

抽破了，露出了里面不保暖的芦花，父亲才知道闵子骞是穿着芦花的衣服。

回家后，父亲再摸摸另外两个孩子的衣服，却是暖和的棉花。闵子骞的父亲十分惊讶，终于明白是妻子虐待了闵子骞，一气之下，就要赶走后母。

这时，闵子骞跪下来哀求父亲，说："母亲在家，只有孩儿一人

受冻，如果母亲走了，家里就有三个孩子要受寒。"

这两句话感动了父亲，留下了后母，也使后母知道反省改过，而变成了慈母。

七十二贤人之一的闵子骞的孝行是发自天性的，不管父母对他是疼爱或是憎恶，他始终都是用心尽孝的，安顿了一家人的心，让一家人世间各安其分，因而保全了一个濒临破碎的家庭。

所以孔子在教学时，还特别称赞闵子骞说："你真是难能可贵的孝子啊！"

《弟子规》全文1080个字，本是童蒙养正宝典，看似一本不显眼的小书，实际上里面蕴含着做人做事做学问的大智慧。《弟子规》的总叙中有7个科目，即孝，悌，谨，信，爱众，亲仁，学文，前6项属于德育修养，后1项，即学文，属于智育修养。

《弟子规》汇集了我国至圣先贤的大智慧，首先教育孝顺父母、恭敬兄长，继而教育把对父兄的孝敬扩大到社会，"事诸父，如事父；事诸兄，如事兄"，进而教育泛爱众，"凡是人，皆须爱"，通篇讲的是爱心。

学好《弟子规》，对于"知廉耻、明是非、懂荣辱、辨善恶，培养健全的道德品质"，具有重要意义。

《弟子规》所讲的道理，正是圣人的训诲，从"入则孝、出则悌、谨而信、泛爱众"，亲仁及余力学文着手，在日常生活工作中要经常广泛运用，逐步孕育出重德、崇德、立德、尚德、明德、修德、厚德品行。

《弟子规》对后世影响颇大，可以使后人吸收前人在修身处事、治国理政等方面的智慧和经验，养浩然之气，塑高尚人格，不断提高人文素质和精神境界。

知识点滴

《弟子规》里有这样一句话："冠必正，纽必结；袜与履，俱紧切。"意思是说帽子要带好；纽扣要系好；袜子和鞋也要穿好。

孔子的学生子路是个很讲究仪表的人。一年，卫国发生了内乱，正在国外的子路听说后，急忙往回赶。进城之后，子路竭力帮助国君平叛，但还是因为寡不敌众，被敌人的武士击中，帽子上的缨带也被割断了。子路知道自己难逃一死，立即停止搏斗，说"君子虽死，但不能让帽子脱落而失礼。"于是他从容地系好了帽子便死了。

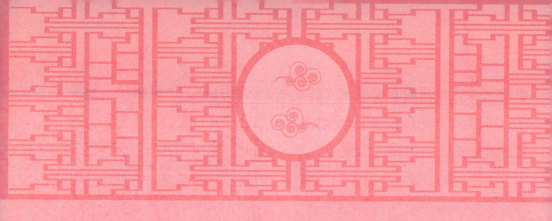

言浅义深的《小儿语》

那是在清代嘉靖时期，这一天，文学家吕得胜正在和自己的儿子吕坤一同诵读经书。作为一个声名远播的大贤，吕得胜教导起自己的儿子还是很轻松的。

吕坤自小就跟着父亲学习先贤思想，再加上天资聪颖，因此学得也很顺利。只是小小的吕坤发现，自己竟没有可以和他交流的玩伴，同年纪的同伴们玩的唱的背的都是一些十分世俗的东西，和他平日深种在脑海里的儒家道义一点儿边也不沾。

这种担忧在吕坤成年后一直存在，尤其是在为人父后变得更重了。作为一个望子成龙的父亲，他希望自己的孩子在问问题的时候，就能接受

正确的教育。

当时流传的儿歌，如"盘却盘""东屋点灯西屋亮"之类，吕坤认为这些儿歌对儿童固然无害，但对品德修养以及后来的发展也没有什么好处。

如此下去，孩子学东西怎么能快呢？如果整天念着这种没有一丁点儿思想含量的熟语作乐，怕是也理解不了多少仁义之道。

想到这，吕坤坐不住了。他找到父亲，把自己的担忧对他说了一遍。吕得胜很支持儿子的想法，决定父子二人齐心协力编写新的儿歌，用来代替旧的儿歌。《小儿语》就这样问世了。

《小儿语》的语言浅近，人人易读易懂。用四言、六言、杂言的语言形式，宣传一些做人的道理，以及每个人应该具有的良好品德。此书问世以来，很受欢迎，比较普遍地流行于民间，所以影响很大。

　　《小儿语》的最大意义在于，能用十分俏皮轻松的语言让孩子们提起兴趣，因而更愿意背诵。再加上其中的道理十分浅显，即使是不能熟读经书的父母也能看得懂，可以为孩子解惑。

　　最可贵的是，《小儿语》虽然是一本教化类书籍，但其中的很多语句，成年人也可以引以为戒。《小儿语》从不以圣人之德之类的高姿态教导人，而是用一种老友间互相调侃的口气讲出道理。比如：

　　　　手下奴仆，从容调理。他若有才，不服侍你。一不积财，二不结怨。睡也安然，走也方便。

　　不要和手下的奴仆或者是不入流的人一般见识。他们要是道德高尚、才高八斗的人，也不会跑你这当奴婢了。财产适量就好，也不要与人结怨。这样一来，睡得也安心，身后事也好安排。

　　在一个人的成长时期里，童年的经历和所见所闻可以说是最重要的，因为那个时候的人模仿能力都很强，思想辨别力却很差。孩子们则会从身边的一切，包括父母、邻居、玩伴身上注意到某些特质，然后不加分辨地模仿，慢慢形成了习惯。

　　但是人无完人，孩子们总会无意中树立或者学习到一些缺点。在那个年纪，与他们大谈孔孟之道是不实际的，尚未入世的他们也不会明白功名利禄以及淡泊明志的区别。

　　《小儿语》的伟大之处还在于，它不需多么沉重的大道理，就能使人安然地接受其中所说，轻松的语言风格里带着一种孩子间斗气争辩的慧黠。虽然语言平实，但其中讲的句句都不离佛道儒三家的思想主旨。比如《小儿语》的六言绝句诗里有一句：

儿小任情娇惯，大来负了亲心。

费尽千辛万苦，分明养个仇人。

世间第一好事，莫如救难怜贫。

人若不遭天祸，舍施能费几文？

　　《小儿语》是以鲜活随意的语言形式，讲述了诸多做人的道理，用来帮助孩子培养良好的品德。它浓缩了大量文史知识和道德理论，内容丰富，浅显易懂，作为中华民族优秀文化的经典而传承至今。

　　学术，并不是越晦涩难懂、越故作高深就越是有价值。真正的好学术著作，就该像《小儿语》这样，用平和的语言将大道理深入浅出地讲出来，使人们都能心领神会。不能被发扬传播的学说就是没价值的。从这一点上来说，《小儿语》要比《春秋》《论语》等著作，更有效地弘扬了儒家思想，完成了孔子礼教于天下的夙愿。

知识点滴

　　吕坤和他父亲吕得胜为了使儿童诵习有教育意义的儿歌，写了《小儿语》。此后，吕坤觉得义犹未尽，还有话可说，便写了《续小儿语》。此书形式与《小儿语》相同，仍分四言、六言、杂言3个部分。不过内容比《小儿语》更成人化了。

　　《续小儿语》宣传中庸之道，主张做一切事情都不要过分。所叙述的也完全不是儿童之事，而是大人的处世经验和处世哲学。此书把这些经验和哲学灌输于儿童，目的是使他们从小就遵循这些去做事情。

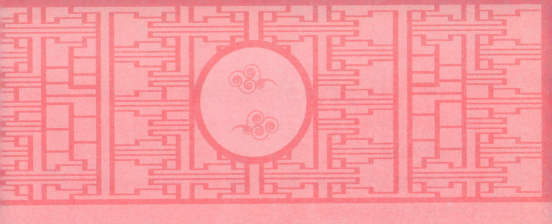

民间智慧《增广贤文》

　　《增广贤文》是我国明代时期编写的儿童启蒙书目。又名《昔时贤文》《古今贤文》。书名最早见之于明代万历年间的戏曲《牡丹亭》，据此可推知此书最迟写成于明万历年间。

《增广贤文》集结了从古到今的各种格言、谚语。后来，经过明清两代文人的不断增补而成。此书的作者一直未见任何书载，应该是民间创作的结晶。

《增广贤文》从表面上看似乎杂乱无章，但只要认真通读全书，不难发现有其内在的逻辑。

该书对人性的认识以及"性本恶"为前提，以冷峻的目光洞察社会人生、亲情被金钱污染。

比如："贫居闹市无人问，富在深山有远亲"；友情只是一句谎言，"有酒有肉多兄弟，急难何曾见一人"；尊卑由金钱来决定，"不信但看筵中酒，杯杯先敬有钱人"。

法律和正义为金钱所操纵，比如："衙门八字开，有理无钱莫进来"；人性被利益扭曲，"山中有直树，世上无直人"；世故导致人心叵测，"画虎画皮难画骨，知人知面不知心"；人言善恶难辩，"入山不怕伤人虎，只怕人情两面刀"。

《增广贤文》把社会诸多方面的阴暗现象高度地概括起来，冷冰

冰地陈列在人们面前，其中的绝大多数句子都来自"经史子集"，诗词曲赋、戏剧小说以及文人杂记，其思想观念都直接或间接地来自儒释道各家经典。

从广义上来说，《增广贤文》和戏曲相似，是雅俗共赏的"经"的普及本，不需讲解就能读懂，同样能领会到经文的思想观念和人生智慧。除此之外，《增广贤文》还是谚语的选集。

《增广贤文》的内容大致有这样几个方面：一是谈人及人际关系，二是谈命运，三是谈如何处世，四是表达对读书的看法。

在《增广贤文》描述的世界里，人是虚伪的，人们为了一己之私变化无常，嫌贫爱富，趋炎附势，从而使世界布满了陷阱和危机。文中有很多强调命运和报应的内容，认为人的一切都是命运安排的，人应行善，才会有好的际遇。这些内容有其消极的一面，但它倡导行善做好事，则是值得肯定的。

　　《增广贤文》有大量篇幅叙述如何待人接物，这部分内容是全文的核心。文中对忍让多有描述，认为忍让是消除烦恼祸患的方法。在主张自我保护、谨慎忍让的同时，也强调人的主观能动性，认为这是做事的原则。其中不乏劝人向善之语，如"害人之心不可有，防人之心不可无"。

　　《增广贤文》虽以道家思想为主，但对儒家的说教并不排斥。文中强调了读书的重要、孝义的可贵。这些观点体现了正统的儒家精神，与全书所弥漫的道家思想有所不合。但也正是由于这种庞杂，

不同思想的人都可以从中看到自己认可的格言，使之具有了广泛的代表性。

《增广贤文》以汉语韵律的谚语和文献佳句选编而成，其内容十分广泛，从礼仪道德、典章制度到风物典故、天文地理，几乎无所不含，而又语句通顺、易懂，但中心是讲人生哲学、处世之道。

《增广贤文》中的一些谚语、俗语，反映了中华民族千百年来形成的勤劳朴实、吃苦耐劳的优良传统，成为宝贵的精神财富，如"一年之计在于春，一日之计在于晨"等。

　　一些谚语、俗语总结了千百年来人们同自然斗争的经验，成为简明生动哲理式的科学知识，如"近水知鱼性，近山知鸟音""近水楼台先得月，向阳花木早逢春"等。

　　书中还有许多关于社会、人生方面的内容，经过人世沧桑的千锤百炼，成为警世喻人的格言，如"良药苦口利于病，忠言逆耳利于行""善有善报，恶有恶报""乐不可极，乐极生悲"等。

　　一定的文化是一定的社会政治经济在观念形态上的反映，《增广贤文》也不例外。由于时代和历史的局限，必然打上那个时代的印记。因此在阅读时要明察扬弃，批判继承，吸取其有营养的成分，古为今用。

知识点滴

　　《增广贤文》中有一句"有心栽花花不开，无心插柳柳成荫"，是告诉人应该目光远大，这与"塞翁失马"的故事是一个道理。

　　古代有个精通术数的人叫塞翁，他的马跑到了胡人的领地。人们都来安慰他，他说："这也许是好事。"过了几个月，他的马带领着胡人的骏马回来了。人们都来祝贺他，他又说："这也许是坏事。"后来，塞翁的儿子在骑马时摔骨折了。人们都来安慰他，他说："这也许是好事。"后来胡人入侵长城一带，他的儿子因为瘸腿的缘故，没有被征去打仗，父子俩的性命得以保全。